Hugo Loersch

Zwei historische Gedichte des 15. und 16. Jahrhunderts

Hugo Loersch

Zwei historische Gedichte des 15. und 16. Jahrhunderts

ISBN/EAN: 9783743376328

Hergestellt in Europa, USA, Kanada, Australien, Japan

Cover: Foto ©Thomas Meinert / pixelio.de

Manufactured and distributed by brebook publishing software (www.brebook.com)

Hugo Loersch

Zwei historische Gedichte des 15. und 16. Jahrhunderts

ZWEI ACHENER HISTORISCHE GEDICHTE

DES 15. UND 16. JAHRHUNDERTS

HERAUSGEGEBEN

VON

Dr. HUGO LOERSCH
Professor der Rechte

UND

Dr. ALEXANDER REIFFERSCHEID
Privatdocent für deutsche Philologie

ACHEN 1874
VERLAG VON P. KAATZERS BUCHHANDLUNG
(Joseph Kaatzer)

Druck von Carl Georgi in Bonn.

ZWEI ACHENER HISTORISCHE GEDICHTE
DES 15. UND 16. JAHRHUNDERTS

I.

Gedicht über die gewaltsame Unterdrückung der Zunftherrschaft im October 1429.

Das einzige bis jetzt bekannt gewordene Gedicht, das während des 15. Jahrhunderts in der Reichsstadt Achen entstand, hat Eberhard Windeck uns in seinen bekannten Aufzeichnungen über die Geschichte seiner Zeit erhalten und überliefert. Es schildert lebhaft und eingehend die blutige Beseitigung der seit 1428 in Achen bestehenden Zunftherrschaft durch die von den Patriziern herbeigerufenen adelichen Herren der Nachbarschaft. Da dieses Ereigniss unter den Zeitgenossen, in den Rheingegenden wenigstens, grosses Aufsehen erregte und die gereimte Erzählung sich ganz auf die Seite der „Gemeinde" stellt, so hat letztere sicher in einer Zeit, wo eine unruhige Bewegung durch alle Städte ging, rasche Verbreitung unter den Bürgern gefunden. Dem viel gewanderten, in den mannigfaltigsten Beziehungen stehenden Windeck, der in seiner Jugend mehr als einmal sich in Achen aufhielt, wird es ein Leichtes gewesen sein, sich eine Niederschrift zu verschaffen. Diese hat er dann, wie es seine Art war, der Sammlung von Actenstücken, Briefen, Verzeichnissen, Liedern u. s. w. einverleibt, aus welcher er später „sein Buch hat zusammen lesen lassen und schreiben"[1]. Dem Gedicht selbst hat er noch einen

---

[1] Vgl. Droysen, Eberhard Windeck, in den Abhandlungen der Königl. Sächsischen Gesellschaft der Wissenschaften, Band 3 (Band 2 der philologisch-historischen Classe), 1857, S. 221.

kurzen Bericht über die vorausgegangenen Ereignisse vorgesetzt, der selbst wiederum, seinem anecdotenartigen Inhalte nach zu schliessen, auf mündlichen Ueberlieferungen beruht.

In der einzigen, von Mencken veranstalteten Ausgabe des Windeck bildet jene kurze Einleitung mit dem Gedichte das 165. Capitel[1]. Dieses ganze Capitel hat Karl Franz Meyer, gleichsam als Ergänzung seiner Darstellung der Vorgänge von 1428 und 1429, in seinen „Aachenschen Geschichten" aus Mencken abdrucken lassen[2]. Die Abweichungen dieses Textes von seiner Vorlage sind ganz geringfügige und beruhen auf Nachlässigkeiten des Abschreibers oder des Druckers. Die wenigen von Mencken angegebenen Varianten sind ebenfalls mitgetheilt. In neuerer Zeit hat Wolff das Gedicht in seine Sammlung aufgenommen, dabei aber auch lediglich den Menckenschen Text wiederholt[3]. Zum vierten Male, und zwar unter directer Benutzung von Handschriften, ist es endlich herausgegeben worden in der auf Veranlassung der Münchener historischen Commission durch R. von Liliencron veranstalteten Sammlung geschichtlicher Volkslieder[4].

Die genannten Ausgaben des durch Windeck überlieferten Gedichts, von denen, wie eben gezeigt, die zweite und dritte mit der ersten von Mencken besorgten identisch sind, die vierte allein selbständige Geltung beanspruchen kann, befriedigen sämmtlich nur wenig. Theilweise erklärt sich dies durch die Beschaffenheit des handschriftlichen Materials. Mencken hat seiner in jeder Beziehung mangelhaften Ausgabe bekanntlich eine Handschrift im wesentlichen zu Grunde gelegt, welche nur eine Abschrift der 1461 geschriebenen Gothaer war, und ausserdem Emendationen aufgenommen, die eine Hand des 17. Jahrhunderts (dieselbe, von der die Weimarer Handschrift des

---

[1] Menckenius, Scriptores rerum Germanicarum, 1728, Band I, S. 1210 ff.
[2] K. F. Meyer, Aachensche Geschichten, 1781, B. I. S. 377 ff.
[3] O. L. B. Wolff, Sammlung historischer Volkslieder und Gedichte der Deutschen, 1830, S. 627 ff.
[4] Die historischen Volkslieder der Deutschen vom 13. bis 16. Jahrhundert, gesammelt und erläutert von R. von Liliencron, Band I, S. 299 ff.

Die zwei Achener historischen Gedichte des 15. und 16. Jh. erschienen zuerst als von uns gegebene Beilage zum zweiten Bande von *Friedr. Haagens Geschichte Achens von seinen Anfängen bis zur neuesten Zeit*, sie werden jetzt besonders ausgegeben, weil man befürchten musste, ' dass sie in genanntem Werke den Fachgenossen verborgen blieben.

Das erste Gedicht ist schon oft gedruckt worden, aber alle bisherigen Ausgaben lassen viel zu wünschen übrig; es erscheint hier zuerst nach der besten, bisher unbenutzt gebliebenen, Hannöverschen Handschrift kritisch bearbeitet, mit den Lesarten der andern Handschriften, besonders der neu verglichenen Gothaer. Es ist sehr verderbt überliefert, manche der verderbten Stellen konnten durch Conjectur glücklich gebessert werden, bei einigen wurden Besserungsvorschläge nur im kritischen Apparate gemacht, andere waren zu sehr verderbt, als dass man an eine befriedigende Heilung hätte denken können. Mehrere Mal sind auch durch Sorglosigkeit der frühern Abschreiber ganze Reimzeilen ausgefallen, was die bisherigen Herausgeber nicht immer erkannt haben. Dem kritisch festgestellten Texte des Gedichtes folgt eine eingehende Untersuchung über die Ursachen und Folgen der Verfassungsänderung von 1428, auf Grund wichtiger Quellen und Urkunden, die erst in dieser Abhandlung verwerthet worden sind.

Prof. *Loersch* hat das Gedicht aus der Hannöverschen und aus der Gothaer Handschrift diplomatisch genau abgeschrieben, von ihm ist die Abhandlung über die bisherigen Ausgaben und über die benutzten Handschriften (S. 1—6), ferner die Untersuchung über die Verfassungsänderung von 1428 (S. 24—48), er steuerte endlich die Anlagen 1—8 bei (S. 49—60). Dr. *Al. Reifferscheid* übernahm die kritische Bearbeitung des Gedichtes (S. 7—23).

Das zweite Gedicht, welches hier zuerst veröffentlicht wird, ist zwar nur in einer Handschrift erhalten, aber besser überliefert, wenn man von den vielen durch die Abschreiber verschuldeten Lücken absieht; dagegen ist das Verständniss mancher Stellen durch Anspielungen auf uns weniger bekannte Verhältnisse und Zustände ungemein erschwert, auch die Ausdrücke sind oft so eigenthümlich mundartliche, dass eine Erklärung derselben nicht blos für die der ältern deutschen Sprache fernerstehenden erwünscht schien. So erhielten die Anmerkungen unter dem Texte eine von denen des vorhergehenden Gedichtes wesentlich verschiedene Gestalt. Da die Verschiedenheit durch den Gegenstand selbst bedingt ist, wird sie niemand anstössig sein. An das Gedicht schliesst sich eine historische Würdigung desselben.

Auch bei diesem zweiten Gedichte theilten sich die Herausgeber in die Arbeit. Prof. Loersch hatte das Gedicht aus der Berliner Handschrift abgeschrieben, er gab die Bemerkungen über diese Handschrift (S. 61) und die Abhandlung über seinen historischen Werth (S. 75—90). Von Dr. Al. Reifferscheid rührt die kritische Bearbeitung und Erklärung des Gedichtes her (S. 62—74). Er war auch in der Lage, den Anhang (S. 91—98) beizufügen, der die Kölner Unruhen des J. 1513 betrifft, auf die das zweite Achener Gedicht ausdrücklich Bezug nimmt. Das Kölner historische Gedicht erscheint hier zum ersten Male.

Bonn, den 15. April 1874.

Die Herausgeber.

Windeck herrührt) erst in diese hineingebracht hat[1]). Die wenigen von Windeck beigefügten einleitenden Sätze sind durch eine Lücke fast ganz unverständlich. Der Sinn des Gedichtes selbst bleibt vielfach völlig dunkel, im Texte sind mehrere Lücken angedeutet, die Sprache endlich ist theilweise modernisirt. Von Liliencron hat seinen Text aus zwei Wiener Handschriften, wovon die eine vormals Görres gehörte, und der Gothaer zusammengestellt. Er bemerkt mit Recht, dass Schreibung und Mundart seiner Vorlagen nicht zu der ursprünglichen Form des Gedichtes stimmen, welche, Achenschem Dialecte gemäss, viel stärkere niederdeutsche Färbung hatte. Auch in seiner Ausgabe bleiben sehr viele Stellen unverständlich.

Für die beabsichtigte nochmalige Herausgabe des Gedichts sind drei Handschriften verglichen worden. Vor allem die bisher am meisten gekannte und geschätzte Gothaer. In ihr schliesst sich am Ende von Seite 373 die einleitende Erzählung der Achener Vorgänge von 1429 unmittelbar an Capitel 244 an; das Gedicht bildet mit einer besondern Ueberschrift von Seite 375 bis 381 (Seite 374 ist halb leer) das 245. Capitel. Aus der Gothaer Handschrift allein würde sich schon eine weit bessere Ausgabe herstellen lassen als Mencken geliefert hat. Allerdings hat der Schreiber (bekanntlich „Ulricus aicher diner ader eicher der stat Eger ... der gepurt von Koczkig") willkürlich den in der Achener Mundart sich bewegenden Text ins Baierisch-Oesterreichische umgesetzt und sein Mangel an Verständniss für die niederrheinische Vorlage vielfache Irrthümer veranlasst.

Das von Droysen[2]) festgestellte Verhältniss der Weimarer Handschrift zu der eben genannten liess von vorn herein ihre Brauchbarkeit für den vorliegenden Zweck zweifelhaft erscheinen. Das hat denn nochmalige Vergleichung nur bestätigt. Eigenthümlich sind der Weimarer Handschrift, in welcher die auf Achen bezügliche Erzählung mit Blatt 212 beginnt, zwei Ueberschriften, die aber offenbar von dem Abschreiber herrühren. Die erste, vor den von Windeck als Einleitung beigefügten Sätzen stehend, macht ein neues Capitel aus dem

---

[1]) Vgl. Droysen a. a. O. S. 149 f.
[2]) a. a. O. S. 149.

Schlusse von 244 und dem Gedichte. Es ist das 245., die Zahl jedoch ausgelassen. Die andere Ueberschrift steht vor dem Gedichte selbst. Die Abweichungen, welche diese Handschrift von dem Texte der Gothaer aufweist, sind durchaus willkürlich; allerdings ist durch diese Veränderungen Sinn in einzele Stellen gebracht, der Vers glatter, der Reim übereinstimmender gestaltet worden. Hier ist übrigens auch der Sprachcharacter vollständig verändert, das Ganze ungebührlich modernisirt.

Endlich wurde verglichen die in der königlichen Bibliothek zu Hannover aufbewahrte Handschrift, welche ein zu Miltenberg geborner Diener Windecks bereits im Jahre 1438 vollendet hat[1]) Obgleich von Pertz und auch von Potthast genannt, ist sie doch bei der Liliencronschen Ausgabe unberücksichtigt geblieben. Da diese Handschrift der Constituirung des hier gebotenen Textes zu Grunde gelegt worden ist und sie auch bei einer neuen Ausgabe des Windeck unzweifelhaft eingehende Berücksichtigung verdient, dürfte eine genauere Beschreibung gerechtfertigt erscheinen.

Die Handschrift, in Folioformat, modern gebunden, und mit der Signatur XIII, 917^1 versehen, gehörte einst Leibniz, wie aus einem ihr beigebundenen Zettelchen von seiner Hand erhellt[2]). Der ursprünglichen Handschrift gehen 14 Blätter voraus, welche von einer Hand des vorigen Jahrhunderts die Abschrift der 34 ersten Capitel und des Anfangs von Capitel 35 des Windeckschen Werkes (bis Capitel 30 bei Mencken, entsprechend dem Capitel 35 der Gothaer Handschrift) enthalten. Die Handschrift des 15. Jahrhunderts beginnt jetzt erst mit dem nunmehrigen sehr beschmutzten und abgegriffenen Blatt 15 und der letzten Hälfte des 36. Capitels der Gothaer Handschrift; zwischen der vorgehefteten

---

[1]) Beschrieben ist sie bei Bodemann, die Handschriften der königlichen öffentlichen Bibliothek zu Hannover, S. 181, Nr. 917, genannt bei Potthast, Bibliotheca historica, S. 571, und Pertz, Archiv, Band I, S. 469 unter Nr. 13.

[2]) Mencken erwähnt in seiner Vorrede zum ersten Bande der Scriptores, dass von der Hardt eine Handschrift des Windeck von Leibniz geliehen erhalten habe: — unzweifelhaft die hier zu besprechende.

neueren Abschrift und diesem Anfange bleibt demnach eine unausgefüllte Lücke. Aus der sehr undeutlichen Notiz von Leibniz geht anscheinend hervor, dass die Handschrift, als sie noch in seinem Besitz war, mit Capitel 35 begann. Es ist daher wahrscheinlich, dass seitdem ein Blatt, das Capitel 35 und einen Theil von 36 enthielt, verloren gegangen ist; — daher denn auch die Lücke zwischen der vermuthlich noch für Leibniz angefertigten Ergänzung und dem alten Original. Ueberschriften und Nummern der einzelnen Capitel fehlen durchaus, jedoch ist für sie überall Raum gelassen. Eine vollständige Durchsicht und Vergleichung der Handschrift ging selbstverständlich zu weit über den vorliegenden Zweck hinaus. Die Eintheilung der Abschnitte ist jedoch bis Blatt 30^b verfolgt worden und scheint genau mit der der Gothaer Handschrift übereinzustimmen. Die ganze Handschrift ist von derselben Hand geschrieben, wogegen allerdings der erste Anblick zu sprechen scheint. Die Form der Buchstaben ist aber überall genau dieselbe, nur werden sie nach und nach grösser, die ganze Schrift wird allmählich flotter und freier, es bleiben grössere Zwischenräume zwischen den Zeilen. Die Dinte wird gegen das Ende immer blasser.

Blatt 218^b, nach dem vom Tode Sigismunds handelnden Capitel und dem Verzeichnisse der Könige von Ungarn (Capitel 348 und 349 der Gothaer Handschrift, 220 bei Mencken) steht folgende Notiz:

Diesz schrieft hait geschribenn Reynnhart Brunwart von Miltennberg Eberhart Windecks diner unnd geendet off Saunt Margeretten abennt anno domini 1438[1]).

Von derselben Hand sind dann noch nachgetragen die in der Gothaer Handschrift mit 350 und 351 bezeichneten Capitel, ferner von Blatt 220^b a. E. an eine Urkunde: „*Wir burgermeister unnd rait der stat Wormbsz, Speier . . .*", endlich Blatt 224 in der Mitte ein Namensverzeichniss; „*Die nochgeschribenn wonen in dem Rinckawe*"; dieses letzte Blatt ist sehr beschädigt.

Der Handschrift sind beigebunden fünfzig Blätter, welche

---

[1]) Bei Bodemann durch Druckfehler entstellt.

die Abschrift ihres Anfangs enthalten; nach Bodemanns Angabe von Barings Hand.

Die kurze Einleitung, die Windeck dem Achener Gedicht vorgesetzt hat, folgt in der Hannoverer Handschrift, Blatt 106^b am Ende unmittelbar auf ein Schreiben Sigismunds an die Stadt Worms (Capitel 244 der Gothaer Handschrift). Auf Blatt 107 ist vor dem Anfange des Gedichtes Raum gelassen für eine Ueberschrift, das Gedicht geht dann bis zur Mitte von Blatt 110. Hier folgt Raum für eine Ueberschrift und der Text: „*Und also verzog iz sich das der bischoff...*" (Capitel 246 in der Gothaer Handschrift).

Die einzelnen Verse sind, wie in der Gothaer Handschrift, nicht abgesetzt. In manchen Worten fehlen Buchstaben, ohne dass eine Abkürzung angedeutet wäre; viele Schreibfehler und mancherlei Flüchtigkeiten sind noch übrig geblieben, wenn auch einzelnes sofort vom Schreiber selbst verbessert worden ist.

Du solt wissen, als konig Sigemond zu Ungern was, als du for hast gelesen, das was der rait zu Ach und die gemeinde nit eins; wann der rait wolde schatzunge han, do

H = Hannöverische Hs. — G = Gothaer Hs., bei v. Liliencron C. — V¹ = Wiener Hs. früher in Görres Besitz, bei v. Liliencron A. — V² = Wiener Hs. 2913, bei v. Liliencron B. (L = Historische Volkslieder der Deutschen von R. v. Liliencron I. 300–305). Die Lesarten aus V¹ und V² wurden den Angaben L. a. a. O. 305 fg. entnommen. Da die Weimarer Hs. (= W) für die Kritik des Liedes werthlos ist, wurde sie nur sehr selten angezogen. Das Lied ist sehr verderbt überliefert, die Herstellung wird in hohem Grade erschwert durch die Verschiedenheit der metrischen Behandlung. Fünfmal und mehrmal gehobene Verse scheinen aber nur auf Rechnung der schlechten Ueberlieferung zu setzen. Den relativ besten Text bietet die von L. unbeachtet gelassene H, manchmal ist das Richtige in G erhalten, V¹ und V² sind beide jünger und schlechter als G, vergl. Anm. zu v. 226. Von einer Umschreibung des Liedes in die Achener Mundart des 15. Jh. musste Abstand genommen werden, wie sehr auch entscheidende Reime dafür sprachen. Die Wortschreibung in H wurde geregelt nach dem von Al. Reifferscheid in der Zeitschr. für deutsche Philologie V. 3. 272 fg. gegebenen Beispiele: st. y in by, nyde, nyeman myt, bymelrich, Aych, daheym, meyn u. a. wurde i gesetzt. Doppelte Consonanz wurde in folgenden Fällen vereinfacht: volck, Falck, kranck, gestereckten — hoff, fruntschaff, uff, auff, ließ, hilff, krafft, worffen, junffrawen, deuffels, slaffon, sliffen, begriffon, peiffen — gelesenn — prissen, wisse (dagegen hat die Hs. wisen st. wissen) — eidt, bludt brodt, stadt, laudt, stendt, sandt, mordtkule, haltten, sturtten, reitten, streiten. Für anlautendes tz wurde z geschrieben. Ferner wurden alß, unß, dießen, boßen in als, uns, diesen, bosen geändert; auch die übrigen ß mussten beseitigt werden, da der Schreiber im Gebrauche dieses Zeichens ganz willkürlich verfährt. Das weiche z dagegen, welches einige mal auftritt, schien beibehalten werden zu dürfen.

H und G haben keine Ueberschrift, da in ihnen die Erzählung nicht den Anfang eines Capitels bildet. W: Uneinigkeit des Raths zu Aach mit den Bürgern und wie diese des Nachts überfallen wurden.

¹ do solt G ² gemeine G so immer ³ uneins G wenne G so immer nu wolte G

wolde die gemein nit geben. Also stunden uf sechzehen
5 persone van de hantwerke und wolden wissen, wo das gut
hin komen were, das wol lange jar uf gehaben were. Also
gunde iz der alde rait den hantwerke nit und die hantwerke
namen die slüssel zu den porten. Das stund also ein zeit.
Also hait ein burger des alden raids ein gefattern, der was
10 ein hantwerkman und der sprach: „Liebe gefattere, ich wer
gern morn fur ... hinus der porzen, lihent mir die slüssel."
Er sprach: „sendent morn darnoch wie fru ir wollent." Und
also dette er. Und da im die slüssel worden, do druckct
er sie ab und lies im slüssel darnoch machen. Darnoch
15 uber lang, do in zeit ducht, und die alden burger ir ding
hette gedon und ir sachen wol bestelt, da die hantwerk
slifen und wonten sicher sein, da slussen die neuen slossel
uf und geschag in also du nu horn wirst in dem gedicht,
das von in gemacht ist.

   Horent ir frawen und junfrawen zart,
   von einer behenden Acher fart,
   also ir wol haint vernomen,
   wie die hern in Ach seint komen.
  5 Ist iz gut, das weis Got,
   ich sag uch das sunder spot;
   iz ist manigen man bekant,

⁴ uf *fehlt* G   ⁵ wande *H* von den *G*   hanwerke *so immer H*
hantwercken *G*   ⁶ lang ein jare *G*   ⁷ gude *H*   ⁸ die slüssel...
des alden *fehlen G*   ⁹ einen *G*   was auch *G*   ¹⁰ der *fehlt G*
liber gefatter *G*   ¹¹ fur...] fruc *G* Nach fur *deutete ich eine
Lücke an, der uchten oder etwas ähnliches scheint ausgefallen*
¹² morgen fruc *G*   ¹⁵ ettwen lange *G*   die tzeit *G*   ¹⁶ bestallt *G*
¹⁷ zu sein *G*   ¹⁸ nu] noch *G*

Das Lied ist überschrieben *in* G: Wie der von Firnenber und
der von Hengesperg mit grosser macht wurd zu Oche eingelan von
dem rat heimlichen und der von Oche ein teill wart der koppfe ab-
geslagen. *in* W: Lied von dem von Firneburg und Hengstperg, wie
sie des nachts zu Ach der rath eingenommen und einigen bürgeren
die köpfe abschlagen lassen.

 ² einer behender *GV* ² der behenden *L*   Ocher *L* so immer
³ alß *H* vornumen *G*   ⁴ herren *GL* so immer, *G bisweilen* hern
Ache (Oche *L*) sint *GL*   ⁵ ist das *GL*   ⁶ sagen *G* sage *L*
⁷ manigem *L* manne *GL*

      wie die hern von Ache hant
      gedán mit der gúden gemeind von der stát:
10   das sie clein ere hant gehat.
      Sie quamen nit dar umb Gotes lof,
      mer zu Bonne was ein hof
      von den heren dar gelacht,
      das bezalte Aich in der nacht.
15   Nu horent was geschag
      alles uf denselben dag.
      Do der hof was geschiet,
      her Besel konde gebeiden nit,
      er fil dem von Virnburg zu fus:
20   „Ich eweren gnaden clagen mus,
      wir worden betwangen van unser gemein,
      wir in sein zu Aich nit wol daheim,
      wir hatten einen ufsatz
      zu † versumen einen schatz,
25   uch und ewer glich damet z' entpfangen,
      den weg hant sie uns undergangen

⁸ han gedan *H* getan han *G* geton hant (: bekant) *L*. *Ich lasse v. 8 mit* hant *schliessen und setze* gedan *an den Anfang des v. 9. Da in den Hss. die Reimzeilen nicht abgesetzt sind, steht der leichten Besserung nichts im Wege, besonders da sie nur der handschriftlichen Ueberlieferung in H zu ihrem Rechte verhilft* ⁹ gemein *L* gemeinde *H* gemeine *G* ¹⁰ des *GL* sü *L* so immer sie doch kein ero *V²* er *G* gehapt *H* ¹¹ komen *G* koment *L* darumb umb *H* dar durch *V²* lop *HGL* ¹² Bonne] wenne *G* ¹³ hern *HG* geleten *G* geboten und gemacht *W* ¹⁴ bezalten *L* die von Aych (Ache *G* Oche *L*) *HGL*. *Wie hier so ist auch an anderen Stellen der Vers in den Hss. durch unnütze Einschaltungen der Abschreiber überladen, vgl. z. B. Anm. zu v. 20, 57, 64, 70, 75, 117, 175, 184, 189* ¹⁶ hörent *L* was do *GL* was aldo *V²* ¹⁷ geschicht (: nicht) *GL* ¹⁹ Virneburg *gebessert aus* Bernebach *H* Firnenburg *L* Firnenberg *GV¹* füsse *V¹* ²⁰ *beginnt in den Hss. und bei L*. mit und sprach ich *fehlt L* mynen gnaden clagen muß *V²* u. gn. müssen *V¹* must *H* ²¹ werden *GL* sint *V²* betwungen *G* bezwungen *L* wan *H, vgl. prosaische Einleitung Anm. zu Z. 5.* ²² wir ensint *L* wir sein *G* ²³ hetten *G* betent *L* uffsatzen *H* 23 fg. *erklärt L 'wir hatten festgesetzt, eine Summe aufzuhäufen', er schreibt aber* versumen, *das er doch seiner Erklärung gemäss in* versummen *hätte ändern müssen. Ist* versamen *zu lesen?* ²⁴ eweren *G* uwern *L* damede *H ist zu lesen* met? *vgl. Haupt zu Hartmannes Erec², v. 1060* zu *HGL* ²⁶ vurgangen *G*

und enthaldent uns silber und golt,
das han wir verdrân mit gedolt.
Das clagen wir, her, euch mit not,
30 weren ir zehen oder xii dot,
so mochten wir unser recht behalten.
Ach, wolde ewere gnade walden
und komen uns zu hilf in der nacht!
Des han wir uns also bedracht,
35 das wolden wir auch uch also begelden,
das ir uns numer solte geschelden,
mit silber, golt und edel gestein,
wan ez sal bezaln die gemein."
Der her von Virnburg sprach zur stont:
40 „Das dut mein ohem von Hengsperg kont,
wan er ist bi solchen dingen gut,
seit, das ir das also dut."
Sie riefen dem van Hengsperg dar
und sprachen alle gar:
45 „Edelen her, nu stent uns bi;
wie fil das das geldes si,
das daran wirt gelacht,
des han wir clein acht,
das wollen wir ach gerne geben,
50 von der gemeinde wollen wirz heben,

²⁸ vertragen *L* vortragen *G* vorwagen *H*   gedult *HL* geduld *G*
²⁹ wir euch herre *G* wir uch herren *L*   ³⁰ weren ir] wan ez *H*
³² auch *G* ach got *V²*   ³⁴ das *V¹V²*   bedacht *GL*   Nach v.
34 folgt in H durch also in v. 34 veranlasst: das iz sal geschein
in der nacht   ³⁵ wir euch *GL*   also] wol *V²*   vergelten *GL*
begelden war bis jetzt unbelegt; Grimm d. Wb. I. 1292 führt aus
Fischart begeltung an   ³⁶ soltent *L*   geschellen *H* schelten *GL*
³⁸ solle *G* sol *L*   bezalen *HL* bezallen *G*   ³⁹ herre von *GL*   Firnenburg *GL* Friburg *H*   zu der *GL*   stunt *HGL*   ⁴⁰ meyne *H*
minom *L*   oheim *H*   ⁴¹ er] es *V¹*   solichen *HL*   ⁴² sint *G* sit *L*
seit = sehet. Schon *L* bemerkte richtig: 'vielleicht: sicht das ir: seht
zu, daß ihr das thut'   das ir] ir *V²*   das also] also *GL*   also dut
fehlt *H*   ⁴³ riefent *L* riffen *G*   den *V²*   ⁴⁴ Diese Reimzeile fehlt *G*
⁴⁴ sprach *H*   ⁴⁵ edeler herre *GL*   ⁴⁶ das des *GL*   ⁴⁷ wurt *GL*
gelait *G*   ⁴⁸ cleine *GL*   clein bedacht *V²*   ⁴⁹ ach = auch. euch *G*
uch *L*   gerenen *G*   ⁵⁰ gemein *GL*   wir iz *H* wir es *GL*
haben *GV¹V²*

   das han wir uch gedacht,
   und stent uns bi in der nacht."
   „Also das sal gescheen,
   wir in wollen von euch nit flen."
55 Der von Virnburg sprach also:
   „von Hengsberg, was saget ir darzu?
   des in virsten ich mich neit;
   ir wist wol, was zu Burschel gescheit."
   Von Hengsperg sprach: „Ich nemen berait;
60 blevin wir da mit solicher dat,
   des sulde alle die wernlt lachin,
   drumb lant iz uns mit listen machin;
   brengen wir Ach zu betwangen,

⁵¹ euch *G* ouch *V¹V²* ach *H*. *Ist etwa zu lesen Ach? vgl. Anm. zu v. 63*   ⁵⁴ enflehen *G*   *v. 53 fg. legt L den Achenern in den Mund. Wol mit Unrecht. Vor v. 53 scheinen einige Verse ausgefallen zu sein, in denen der von Hengsperg das Wort nahm, jedenfalls spricht er v. 53 fg. Jetzt sind auch v. 55 fgg. klar: der von Virnburg ist besorgt wegen der bereitwilligen Zusage des von Hengsperg, er erinnert ihn an das was zu Brüssel geschehen. Der von Hengsperg erwidert, ich will Umfrage halten (berait nemen), um die Ansicht der Uebrigen zu erfahren. Ihr Sprecher ist Kon van dem Eichorn, er theilt ihren Entschluss mit und sagt ausdrücklich v. 67 fg.: das ist das recht bescheit da wir uns zu han bereit. v. 70 fg. nimt der von Hengsperg wieder das Wort und spricht zu den Achenern*   ⁵⁵ Virnberg aus Sternberg *gebessert H* Firnburg *L* Firenenburgk *G*   ⁵⁶ hern von *H* herre von *GL*   Heugsbergen *H* Hennesperg *V¹V²*   *v. 57 fg. lässt L den von Hengsperg sprechen, in dieser Form*: des verston ich mich, ir wißent nicht, — was zu Brüssel ist geschicht   ⁵⁷ das *HG* in *fehlt GL*   mich nit *HV²* mich *GL*   ⁵⁸ wisset wol *G* wißent nicht *L*   Prussel *G* Prüssel *L*   ist gescheit *H* ist geschicht *L* ist beschicht *V²* ist gescheen *G*   ⁵⁹ der von *HGL*   jach *G*   nym *G* nim *L*   meynen berait *H* mein berat *G* min rat *L*   ⁶⁰ blevin *praet. conj.* bliben *G* blibent *L*   solicher *G*   ⁶¹ das *V¹V²*   ⁶² darumb *H* dorumb so *G* (dar.) *L*   dar umbe sollent wir es *V²*   mach *H*   ⁶³ wir zu Oche *V¹* wir sie auch *HG* wir ouch sü *L*. *Sehr häufig werden in den Handschriften und alten Drucken auch und ach = Ach) verwechselt. So liest man in der 'newen mer' von Erasmus Amman in Adrians Mittheilungen S. 357 nach einem alten Drucke richtig*: jr habt gehört wieß ist zu ach ergangen, *dagegen in einem andern alten Drucke, dessen Benutzung der Besitzer desselben Hr. Senator F. G. Culemann in Hannover mir mit gewohnter Liberalität gestattete*: (i)r habt ghört wieß ist auch ergangen   bezwange *L*

wir habin manheid fil begangen."
65 Da sprach her Kon van dem Eichhorn:
„Wir wollen beiden bis morn,
das ist das recht bescheit,
da wir uns zu han bereit,
gleich in der miternacht,
70 als sich menlich hait gelacht."
Er sprach: „Seint ir der sachen fri,
wir wollen uch ach stan bi,
das wir bliben unverraden,
anders wir komen zu grossen ungnaden.
75 Die von Ach hant gros ding gedan,
die hant hern und fursten irslan
in der selben stat;
ir hern, wie gefelt uch dat?
Das stet uns zu besorgen sere."
80 Sie sprachen: „Nein, liebe here,
das ist alles wol bewart,
von der porten unt uf den mart,
wir han die slussel von der porzen,
wir han dertisen unde torzen;

⁶⁴ *Diese Reimzeile fehlt G*   man spricht (sprichet *L*) wir *HL*
⁶⁵ der kun *G* der kune *L*   Eichorn *L* Eichoren *G*   ⁶⁶ morgn *G*
⁶⁷ rechte *GL*.   ⁶⁸ *Diese Reimzeile fehlt V*¹   daz wir *V*²*L*   uns zu
hant *GV*² sin zu hant *L*   ⁶⁹ mitten nacht *L*   ⁷⁰ also *GL*   mengelich *L*   slaffen hait *H* sloffen hat *G* hat *L*   gelait *G*   ⁷¹ er sprach
bezieht L richtig auf von Hengsperg   der] den *V*¹*V*²   ⁷² uch ouch *L*
euch *G*   by stan by *H*   ⁷³ des *H*   unverden raden *H*   ⁷⁴ hant
groß *L* hant fur zeiden groß *H*   haben (han ouch *V*²) vor zeitten *G*   dingedan *H*   ⁷⁵ sie hant ouch *GL*   ⁷⁷ vor ziten
in *L*   ⁷⁸ herren *L*   gefellet *GL*   das *HGL*   ⁷⁹ das *fehlt H*
⁸⁰ liber *G* lieber *L*   here *G* herre *L* hern *H*   ⁸² unt] biß *L*
pis *G* bitz *V*¹*V*²   marck *G* markt *L*   ⁸³ porten *HGL*   Nach
83 *wiederholt H* unt uff den mart   ⁸⁴ der kisen *H* der zisen *GL*
und *HGL*   tartzen *GL* dartzen *V*²   *L bemerkt, er wisse ziese
und tarze nicht sicher zu erklären; es scheint ihm, dass mit zisen und
tarzen Locale gemeint sein müssen. Er versteht demnach die Stelle:
'wir haben die Stadtwage und die Rathsstube (dornize), da findet ihr
sichere Unterkunft.' Diese Erklärung ist ganz unzulässig. Die Stelle
ist in den Hss. durch ein kleines Versehen der Abschreiber verderbt:*

85 uf der heren haus,
    da solent ir riden in und aus.
    Und ist von uns also bestalt,
    das sei beide jung oder alt,
    es sei man ader wib,
90 die sollen alle verliesen 'n lip:
    die sich dar wider setzen,
    mit dodes kraft solt ir sie letzen."
    Die reise follenging,
    ein herr den andern entpfing,
95 das sie waren alle bi ein.
    . . . .
    Sie quamen zu Ache fur die stat,
    des die gemende hette kein bat.
    Die porten was uf gedan,
100 man mocht darin reiten und gan;
    das quam von virechtlicher list,
    das ir alle wol wist.
    Sie quamen zu Aich ingereden,
    die gemeind des sorgen leden,
105 als ir auch wol wist,
    · das quam von Eichorns list.
    Das was das erste begin:
    zur Pontporzen reiden sie in

der kisen *sowol als* der zisen *weist auf* dercisen, *wie man statt des richtigen* dertisen *las; c und t sind bekanntlich in den Hss. dieser und früherer Zeit zum Verwechseln ähnlich.* torzon *und* tortisen *werden neben einander erwähnt bei Wierstrat, Reimchr. der St. Neuss v. 2517:* torschen herpannen tud tortisen (: wisen)   [85] *Vor* uf *der deutet L ohne Grund eine Lücke an*   herren *L* hern *HG*   [86] ein *G*   [88] es *GL*   weib *H* weipt *G*   [90] alle *fehlt GL*   verlieren *V¹*   an lip *H*   iren leipt *G* iren lip *L*   [93] volloging *G* volle ging *L*   [96] alle woren *G*   in *G*   *Nach 95 deutet L mit Recht den Ausfall eines Verses an*   [97] gon Oche *L*   [98] des die *GL* das die *H*   gemeinde *L* gemeine *G* gemend *H*   hate cleinen bat *L* harte bomen pat *G*   [99] *Ist zu lesen* Die Pontporz? *vgl. v. 108*   die pforte *G* die porte die *L*   [100] mochte *GL*   ader *G* oder *L*   [101] verreterlicher *L* reterlicher *G*   [103] Ache· *GL*   eingeritten *G* in geriten *L*   [104] gemeinde *L* gemeine *G*   sorge *G*   leiden *H* litten *G* liten *L*   [105] also *GL*   auch] alle *GL*   [106] liest *H*   [107] dis was *GL*   [108] zu der *HGL*   pontpforten *G* Pontporten *L* porten *V¹*

her mit der flocht uf den mart,
110 da sie wole waren bewart,
das sie sich sicher wisten.
Do riden sie mit klugen listen
durch die strasse alle mit ein,
das die lude nit quamen bi ein.
115 Da sie quamen fur sant Jacob her,
da sasten sich die burger zu wer
und zu sterben und zu streiten.
Da begunden die reiter zu beiten
und bliben halten mit gewalt,
120 wan es was also bestalt,
das sich nemant konde gewern.
Wer solte sich dann genern
do solich ding geschein?
Sie musten in die kirchen flein
125 die burger von Aich,
den geschach
ein falsch rat
von den falschen gesten,
die sie in ir stat
130 musten lassen resten
bis uf den achten dag,
das koste beide hant und krag
zu grosser unschult.

[109] her *fehlt GL* dem *L* margk *G* markt *L* [110] wol wurn *G* wol warent *L* [111] wisten *L* wusten *G* wosten *H* [113] in *G* [115] bi sant *L* pei sant *G* here *L* [116] saczten *G* saztent *L* wer *G* were *L* gewere *H* [117] und satzten sich *H* zu sterben] zu sturm *GL* [118] ritter *G* riter *L* zu biten *L* zu paitten *G* zu wenden *H* [120] gestalt *GL* [121] geweren *V²* weren *GL* [122] solt *G* wolt *V²* denne *G* generen *GL* gewern *H* [123] solch *G* geschehin *H* gescheen *G* geschehen *L* [124] flihen *HG* fliehen *L* v. 125 fg. *zeigen deutlich, dass unser Lied eine Ueberarbeitung verschiedener Lieder über die Achener Händel ist. Auch an andern Stellen scheint die Verschiedenheit der metrischen Behandlung darauf hinzudeuten* [125] Oche *L* [126] den] do *GL* [127] falsch rait *G* falsche rach *H* valsche racho *L* Bei *L* ist v. 126 fg. ebenso 129 fg. ein Vers [129] fg. die sie in ir stat musten lassen resten *GL* die sie musten in die stat lan resten *H* [131] achsten *V²* achtesten *L* nechsten *G* [132] hut *L* ckragen *G* [133] unschulde *GL*

Got gebe in allen gedult
135 in dem ewigen leben,
die darumb musten sterben
in sant Jacobs capelle.
Sie mussent sin des deufels geselle,
die den mort hant gedan;
140 sie sallen dem deufel numer intgan.
Sie hetten sich darauf gestalt,
sie slugen sie dot mit gewalt
for dem heiligen altar
mit grosser macht und † gewalt
145 und schiden . . . . . .
. . . .
das man mocht im blude waden,
do fant man grossen schaden
die frawen von irn mannen.
150 Fur Gode sint sie verbannen,
die der kirchen nit en schonen;
der deufel sal in lonen, —
der da dichtet bosen rait.
Sie driben ein falsche tait.
155 Ein deil lief uf sanct Jacobs torn,
da in hatten sie win noch born,

[134] gedulde *G* getulde *L*   [135] ewig *G*   [136] dar umme *L*
Ist sneven (: leven) *zu lesen?*   [137] Jacob *H*   [138] mussen *G* müssen *L*
musten *V¹V²*   sin *fehlt G*   [140] sullen *G* süllent *L*   [142] zu tot *G*
zu tode *L*; wie *H* hat auch *V¹V²*   v. 143 fg. fehlen *G*   [143] al-
tare *L*   [144] *Ist statt* gewalt *zu lesen* gevâr? *Doch das Verderbniss
scheint tiefer zu liegen; die ganze Stelle ist zu verderbt, als dass man
an eine Besserung denken könnte. In H folgt nach* gewalt *'und schiden', in GV¹V²* und schelten. *Mindestens ist eine halbe und eine
ganze Reimzeile verloren. L hat es über sich gebracht v. 147 in folgender monströser Gestalt zu geben:* und scheltent, dass man mochte
in dem plute baden. *Auch v. 149 ist heillos verderbt*   [147] das
fehlt G   mochte in dem plute *L* iu dem plut mocht *G* m. in dem
blud *H*   baden *GL*   [149] frawe *G*   iren *L* irem *G*   man *G*   [150] vor
gote *G* vor got *L*   vorpannet *G*   [151] en *fehlt H*   [152] im *L*
lon *H*   [153] der da dich dem ersam rait *H*   dichtet posen *G* dicht
den bosen *L*   den besten *V¹V²*   [154] do ein *L* ein *HV¹V²* ein
fehlt G   valsch *H*   [155] teile *G*   liefent *L* luffen *G*   auffe *G* tu-
ren *G* turn *L* torm *H*   [156] weder w. *GL*   koren *G* korn *L*

und worfen herab mit stein.
Von dan die ruter gemein
und riden an den mart,
160 da sie sich hette bewart.
Sie namen der sachen ein furbant:
die gemeind ward alle besant,
menlich mit seime genos.
Da sach man sicher jamer gros
165 von der guden gemein:
rich, arm, gros und clein
musten sweren uren eid,
iz wer in lip oder leid,
uf sant Steffens blut,
170 Got wes wol, ist iz gut,
an die da bliben dot
und sturten ir blut in not.
Meister Steffan was ir ein,
der in dotes not erschein,
175 Heinrich jackensticker dar na,
nach dem was in besunder ga,
der konde sein wort wol zu prisen
noch bescheiden wise;
und Tis van Missenbach,
180 der hait ein jamerlichen dag
mit den andern guden luden,
das ich mit allem kan beduden,

[157] har abe *L* steinen *GL* [158] von den *GL* ritter *GL* gemeine *H* gemaynne *G* gemeinen *L* [159] fluhent und *L* gegen alle Hss. an den wart *G* an die wart *L* [160] da] und *V¹V²* hatten *G* hatent *L* [161] sache *GL* eine *G* [162] gemeinde *L* gemeine *G* [163] menglich *L* genosse (: grossen) *V¹* gros *H* [164] groß jamer *H* [166] gros reich arm u. cl. *G* [167] einen *GL* eide *G* [168] were *L* lipt *G* [169] plut in not *V²* [170] wol es ist *G* wol ob es ist *L* [171] one *GL* die die do *G* do sturbent dot *V²* [172] und sturbent in blut und in not *V²* [174] dotz *H* [175] meister H. *HGL* jackenschicker *G* dar na *H* dornach *G* dar nach *L* [176] nach *fehlt H* in *L* im *G* ein *H* gach *L* jagh *G* [177] preisen *G* prise *L* [178] bescheidener *GL* [179] Anthis *L* Mychesenbach *G* Myßbach *V²* [180] hete ein *L* hatte ein *G* hait einen *H* jemerlichen *GL* [181] dem *H* [182] des ich *G* die ich *L* nicht allem *G* nit allo *L* mag *GL*

und Mees Radermecher.
Recht wie man verken driept zu dem stecher
185 da worden sie zusamen gedriben,
die in der stat waren bliben;
wie mocht man frêsche grosser not,
dan die guden weren dot.
Der sticker zum von Hengsberg sprach:
190 „Nu erbarme ez Got diesen dag
das ich unschuldig must sterben,
nu drost Got mein erben,
die ich alhie lassen,
sal ich sterben uf dieser strassen,
195 das muste Got erbarmen!
Ich mácht euch ein sécke mit hirssen armen,
die stund uch schon und herlich;
edeler her irbarmet uch uber mich
und land mir heut zu tage das leben:
200 was ich gudes han zu geben,
das nement alle in ewer gewalt
durch die fruntschaf manigfalt,
die ich mit uch han gehat,
und wisent mich nacket fur die stat
205 und lant mir hude das leben
allens min gut wil ich geben."
Der von Hengsperg sprach:

[183] me es *G* Mathes *L* [184] man dan die *H*   werken *GL* vgl. oben Anm. zu v. 21   tribet *G* tript *L*   den *L*   achter *H* echter *G* slechter *vermuthet L*   [185] also *L*   [186] worden *G*   [187] macht *V¹* enmocht *V²*   freischen *L* forschen *G*   groß *H*   [188] guden luiden *H* guten lewten *G* guten lûte *L*   weren bliben *H* worent bliben *L* bliben *G*   [189] Scheckensticker *GL* Schenkesticker *H*   zu dem *HGL* vom *H*   Hengespergk *G*   [190] dicz ungemach *GL*   [191] unschuldige *G*   musse *G* müße *L*   d. i. hie u. m. hie sterben *V²*   [192] troste *G* tröste *L*   [193] lasse *G*   [194] der *V¹*   [195] musse *G* müße *L*   [196] schecken *GL*   mit *fehlt V¹ V²*   harnascharmen *Ġ* armen *L*   [197] die schon sten noch und herlich *G*   [199] noch heut pei tagen *G* noch hûte bi tage *L*   [200] gudes u. geldes *H* gutes u. geltes *GL*   habe *L*   [201] alles *G* als *L*   ewre *G* uwern *L*   [202] druch *H* mangfalt *G*   [203] gehabt *HGL*   [204] nackent *L*   [205] heut *G* leben *fehlt G*   mich hut leben *V²*   [206] alles *GL*   mynen *H* ich euch *G* ich uch *L*   [207] Hengesperg *G* Hengspurg *H*

„Du in salt leben numer kein dag,
du must albie sterben
210 und hettestu alle die welt zu geben."
Meister Heinrich sprach also:
„Here Got von himel hoe,
herbarm dich uber mein unschuldig blut,
durch din muder reine und gut,
215 und droste mich armen man,
wan ich in diesen elende stan!"
Der von Hengsperg stach sein baner us,
das iz floch fur der burger hus.
Alle uf denselben tag
220 ein burger zu dem ander sprach:
„Wir han fil geste in unser stad,
ir nobern wie gefelt uch dat?
Das in ist nit unser best,
das uns komen soliche gest."
225 Da was Dilman Falk
in zumal zu schalk
und sin son Lenart,
die hette sich anders bewart:

[208] du solt *GL* niemer keinen *L* [210] hestu *G* [211] master *H*
[212] O herre *GL* her *H* hoen *H* [213] erbarme *L* [214] durch
deine milde reine und gut *G* durch din milte und reine gut *L*
[216] disem ellende *L* [217] Hengesperg *G* stack *G* stackt *L*
[218] er *GL* sloch *G* [219] all *GL* [220] andern *GL* [221] nu fil *H* unserer *H*
[222] nochgeburn *H* nachgeburen *GL* gefellet *GL* das *HGL*
[223] einst *V¹* enist *V²* es enist *L* beste (: geste) *L* [224] solich *L*
[225] das was *GL* [226] zu malle *G* zu mole *L* schalke *GL* Nach
schalke *folgt in G richtig* und sein son Lenart. *L theilt diesen Vers
nur unter den Lesarten mit. Hätte er den Wert von G besser erkant,
dann würde er den Vers sicher in den Text aufgenommen und nach
demselben den Ausfall eines andern angedeutet haben. Er folgt aber
den jüngern Hss. V¹V², in denen der Vers ausgelassen war, weil auf
ihn kein folgender reimte. L bemüht sich daher umsonst an dem Verse
die hettent was in der stat noch (die hetten was noch in der stadt
G), der aus 2 Vershälften 228 und 231 zusammengeschoben ist. Das
Auge des Schreibers von G hatte richtig begonnen die hetten, irrte
dann aber von Lenart v. 227 ab auf Lenart v. 231* [227] sine
sone *H* [228] sich anders... Lenart (*v. 231) fehlt GL*

sie stachen den Falk in das hor
230 und furen in heim, das in Got bewar;
Lenart was in der stad noch,
der kroch unden durch ein loch,
das er also hinweg quam.
Und darnach mester Hartman,
235 der die bilde plag zu sniden,
der hub sich auch bi ziden,
das er also virswant,
das in da nieman fant:
er kroch in eine menche kappen,
240 er ging als ein † bern knappen.
Die gude lude waren entgan.
Da die bedefart was getan,
die hern von Ach en waren blide,
sie sprachen alle mit nide:
245 „Hilf Got, sint uns die intkomen,
des krigen wir kranken fromen."
Sie in kónden von bósheit nit gespréchen,
das sie das nit mochten gerechen,
als sie iz hatten uf gesat.
250 Die guden waren us der stat
und behilden iren lib,
des frawet sich kinde und wip.
Die heren liessen Aich die letz
und machten da ein new gesetz,

---

[229] dem *H* in das hor *d. h. in eine Karre Mist* [230] bewart *H* [232] in ein *G* [234] dennoch *G* mister *H* [235] burde *L* [236] siden *H* [237] wirswant *H vgl. oben Anm. zu v. 184* [238] in fant *H* [239] munich *G* münche *L* kap *H* [240] ging embern knappen *G* ging ein bern gn. V^1V^2 ging gelich eim beren gnappen *L Ist eu lesen* begert (= *begarde, Laienbruder*)? knape *H* [241] in entgan *H* in engon *L* in eingan *G* [242] sere was und *H* sere was *G* [243] Ache *G* Oche *L* en *fehlt HGL* bilde *HGV²* unblide *vermuthet L* [244] mit mildo *V²* [245] hilff gut *H* sint was die nit komen *H* sit uns die nit komen *L* [246] das *H* die *G* krenckon *G* (zu kränken die unschuldig frommen *W*) [247] ensprechen *G* [248] das sü es *L* das dis es *G* [249] gesagst *H* [250] guden lude *H* guten lewte *G* guteu lüte *L* worden *G* [251] leipt *G* [252] man kint *GL* [253] hern *H* den von Aych *H* den van Ache *G* den von Oche *L* ein letze *V²* [254] gesetze (: letze) *LG*

255 ze sweren uf sent Steffens blut.
Got wes, wie in was zu mut!
Und musten do bi eide sprechen,
das numer me zu rechen
und das mit irme eid begrifen.
260 Die hern reden umb die pifen
von der fantein
mit einem gesterkten bein
und warn wol gemut.
† Der eine virlor sinen lip, der ander sein gut
265 von der guder gemein.
Fleisch wart da zu stein,
da waren die harten herzen,
die da sahen dot und den smerzen
von den guden bidern lude,
270 das erbarme Got hude.
Da die quamen in die stat,
hette do iglich harnisch gehat,
einen bogen in der hant
und hetten de von Aich alle sant
275 dri uf ein igliche hecke geschossin,

[255] das sie sworen *H* das sie swuren *G* duß sū swūren *L*
[256] got wie es was *G* [257] das do *V¹* by irme *H* bey irem *GL*
[258] me *fehlt G* [259] mit irem *L* irem *G* eide *GL* [260] umme *L*
peiffen *H* [261] fanteien *H* funtesen *G* funteszen *V²* funtesten *L*
[262] gesterkten = gestrekten. mit iren gesterkte beinen *L* mit iren gestercke beinen *V²* mit irem gestercken gepeine *G Die Herren hielten, wie es scheint, Ritterspiele auf dem Markte um die Fontaine. Auf sie und nicht auf die Achener gehen v. 264 fg., die ich nicht zu bessern weiss. Vielleicht sind auch hier Verse ausgefallen. v. 266 fg. beziehen sich auch auf die Ritter* [265] von der guten *G* von guter *L* [266] zu eyme *H* zu einem *GL* steine *H fehlt GL* [267] do worent do die *V²* harten herzen *ist genetiv sing.* [268] dot ligen *HGL* die do her dot sohen *V¹* in smerzen *GL* [269] von der guten biderlewte *G* v. den gutten biderlütten *V²* die guten biderben lüte *L* luden *H* [270] des *G*
[271] die pilgeren *H* die pilger *G* die pfleger *L* *Auch an dieser Stelle v. 271 fgg. lässt sich an eine befriedigende Herstellung kaum denken* [272] het ieglich do ein harnasch gehat *H* hette do von der gemeinde ein iglicher seinen harnisch an gehapt *H* h. d. v. d. gemeine yglichem s. harnasch angehat *G* [273] und einen *GL*
[274] und hetten auch allesant *GL* [275] dry uff ein billichen hancke geschen *H* drei auff einem pfille in iglicho hecke (hecken *V⁴*) ge-

das hette die pilger sere virdrossin.
So waren sie recht geracht
zu Aich in der nacht,
so wor in recht gedan.
280 Wan sie heim meinten geriden han,
so musten sie sein gefangen
. . . .
so mochten sie sich han versonnen,
was sie an der bédefart hétten gewónnen.
285 Hetten sie auch zu sinnen gehait
die gude gemeine von der stad
und hetten in schier geraden,
und die nister gebraden,
do die fogel in lagen,
290 . . . .
der das erst hette irdacht
und die virrede gemacht:
so hade von Aich die gude stat
werdelichen gebraden gehat.
295 Wan sie sulden slafen zu stunden,
das sie dan esche hetten funden,

schossen *G* dri uf eime pfile i. i. h. g. *L* *In der Anm. vermuthet L:*
ir phile in ieglich hecke geschossen ²⁷⁶ het *L* hetten *G* die
behenden *HG* bilgrein *G* bilgrin *L* ser *L* gar sere *V¹V²*
wirdrossin *H vergl. Anm. zu v. 237* ²⁷⁷ wern *L* werent *G* gar
recht *L* ²⁷⁸ Oche *L* in derselben *L* ²⁸⁰ wenne *G* heim
fehlt LG han geiden *H* ²⁸¹ *Dieser Vers fehlt L* do *GV¹* gegangen *V²*
²⁸² *Die Lücke bezeichnete ich* ²⁸³ do müstent *L* ²⁸⁴ in
der *L* betvart *L* gar hetten *G* ²⁸⁵ sinne *GL* hat *GL*
²⁸⁶ gemeinde *L* gemein *H* in der *L* der *GV¹* ²⁸⁷ *Dieser Vers
fehlt H* scier geharten *G* ²⁸⁸ *Dieser Vers fehlt GL* und
haden *H* ²⁸⁹ vogelen *L* inne *L* ynnen *G* ²⁹⁰ *Diese Lücke
deutete ich an* ²⁹¹ erste *GL* gedacht *GL* ²⁹² wirrede *H
vgl. Anm. zu v. 276* vorreterye *G* verreterie *L* die virrede = den
virreder hatte g. *H* hetten g. *G* ²⁹³ hete *L* Ache *G* Oche *L*
²⁹⁴ weidelichen *GL* weidenlich *V²* zu broten *V²* gehabt *H*
hatte *G* hat *L* ²⁹⁵ wann sie uff irem bette sulden (solde *G*) geslaffen (gesloffen han *G* gebrotten han *V²*) zu stunden *HGV²* wenn sü
solden geslofen han zu stunden *L* ²⁹⁶ den *GL* *Nach v. 296
folgt in den Hss. und bei L:* so wer in (do wart in *H*) recht (rechte
L) gegeben. *Dieser Vers scheint erst eingedrungen, als v. 297 durch
die Sorglosigkeit der Abschreiber verderbt war*

des wolden wir han gelacht.
Unser leben was schemlich bedacht,
das man von der guden stat
300 ein mortkule hatte gemât.
Das was falsche Acher vart,
sie hilden dort auf dem mart
und auch uf der burger haus,
da gingen sie inne und us
305 mit has und mit nide
und auch ein deil warn blide.
Das sie ir bedefart hetten geleist,
das frawenten sie sich allermeist,
sie assin fleisch, brot und salz,
310 das beschreib uns Affensmalz.
Wie die heren reden van dan
mit mangen stolzen man,
da sie sich haden bereid,
und liessen Ach an die steit,
315 als uns Affensmalz hait beschriben,
und da bi last iz bliben,
und hat do von ein leit gemacht,
das dis were ein bose wacht.
Der von dem ersten gab den rad,
320 das geschag alsoliche dait,
als man singet in dem lied,

²⁹⁷ das wollen *H*   gelaget *V¹*   han gelacht han unser leben *G*   han gelacht unser leben *L*   unser leben *muss den Anfang von v. 298 bilden*   ²⁹⁹ unser leben] das *GL*   schemelich *HL* schemelichen *G*   gedacht *L*   ³⁰⁰ hat *GL*   gemacht *HGL*   ³⁰¹ was ein *L*   wart *H vgl. oben Anm. zu v. 292*   ³⁰² die *G*   margk *G* markt *G*   ³⁰⁶ deyle *H*   woren *G* worent *L*   bilde *GV²* wilden *H*   ³⁰⁷ ire *GL*   petfart *G*   ³⁰⁸ frewten *G*   sich so *GV¹*   ³⁰⁹ brot fleisch *L* brot und fleisch *G*   ³¹⁰ des *GL Mit v. 310 scheint das Lied des Affensmalz geschlossen zu haben, v. 311—34 sind eigene Zuthaten des Ueberarbeiters, der sich v. 311—322 besonders ungeschickt zeigt*   ³¹¹ hern *H*   dannen *L*   ³¹² manigen *GL*   mannen *L*   ³¹⁴ Ach] Ach sten *G* Oche ston *L*   auch stain *H vgl. Anm. zu v. 63*   der stet *GL*   ³¹⁵ also *GL*   het geschriben *G*   ³¹⁶ loßent *L* lassen *G*   ³¹⁷ liet *L* leide *G* lide *V¹*   ³¹⁸ dise *H*   ³¹⁹ von erste *G*   ³²⁰ das] do *G* dovon *L*   allsolich *L* als solich *GV¹* solich *V²*   ³²¹ also so man *G* also man *L*   liede *H* lide *G*

des en acht Affensmalz nit.
Er in hat dis buch nit gemacht,
mer Got gebe im ein gude nacht,
325 das er die warheit hait gesungen
von dem alten und vom jungen.
Nu behud Got alle fest
for alsolichen bosin gest,
die 's folk suchen in der nacht
330 ungewarnt und ungedacht,
der en hait nit gudes willen,
das sie irn mut mogen stillen;
da in danz die gemeinde nit glich:
nu behude uns Got von himelrich.

[322] ontacht *G*   nit me *HG*   [323] in *fehlt V²*   diez *G* das *V¹*
[324] in *G*   [325] des er *GV¹V²*   hait d. w. *H*   [326] paide von alten u.
von j. *G* beide von a. u. j. *L*   von dem j. *H*   [327] behude *H* behute *GL*
alle gude *H* a. gute *L* a. gut *G*   feste *G* festen *L*   [328] allsölli-
chen *L* also sollicho *GV¹* alle söllicho *V²*   geste *G* gesten *L*   [329] die
das *HGL*   volcke *G* volke *L*   suchten *G*   [330] ungewarnet *GL*   [331] en
hette *V¹*   nie *L*   [332] iren *HGL*   stellen *V¹V²*   [333] da inne
endanzet *GL* da in datzen *H*   gemeine *GL*

Ueber die Ursachen und Folgen der Verfassungsänderung von 1428.

Zur Erklärung des durch Windeck überlieferten Gedichts.

Das Jahr 1428 ist eins der bedeutsamsten in der Verfassungsgeschichte der Reichsstadt Achen. Zum ersten Male wurde in diesem Jahre die seit der Mitte des 13. Jahrhunderts zu Recht bestehende aristokratische Form des städtischen Regiments verändert, indem auf Grund einer Vereinbarung zwischen Erbrath und Zünften letztere zur Theilnahme an jenem zugelassen wurden. Was bei diesem ersten Versuche geschaffen worden, hat nur wenige Wochen bestanden. Die eben zu politischer Geltung gelangten Zünfte überschritten rücksichtslos die vereinbarten Satzungen, um die volle Gewalt unter Beseitigung aller hergebrachten Rechte ganz und ausschliesslich in Besitz zu nehmen. Ihre Herrschaft währte etwas über ein Jahr; im Herbst 1429 schon gelang es den Patriziern durch List und Gewalt das Joch der „Gemeinde" abzuschütteln und auf einige Zeit die alte Verfassung wieder herzustellen. Das vorstehende Gedicht schildert eingehend und genau die blutige That, welche diesen Erfolg herbeiführte. Sein anschaulicher und lebendiger Bericht verdient volle Beachtung, bedarf aber der Ergänzung aus anderen Quellen und mehr als einmal der Berichtigung und Erklärung. Jede Besprechung und Erörterung der die Ereignisse von 1429 betreffenden Ueberlieferungen hat aber nothwendig anzuknüpfen an den im Jahre 1428 vorausgegangenen Conflict zwischen Handwerkern und Patriziern, und dessen Entstehung und Verlauf ist nur zu würdigen auf Grund einer sorgfältigen Berücksichtigung der allgemeinen politischen, gesellschaftlichen und wirthschaftlichen Verhältnisse der Stadt. Wenn hier diese Aufgabe nicht durch einzelne Bemerkungen in Gestalt eines Commentars, sondern vielmehr durch eine nochmalige zusammenhängende Darstellung der Vorgänge von 1428 und 1429 zu lösen versucht wird, so darf dafür, abgesehen von dem berechtigten Streben nach einer ansprechenden Form, auch die besondere Rücksichtnahme auf die städtische Verfassungsgeschichte und das Herbeiziehen bisher gar nicht verwertheter Quellen und Urkunden als Entschuldigung angeführt werden [1]).

In der zweiten Hälfte des 14. Jahrhunderts hat Achen den Höhepunkt seiner reichsstädtischen Blüte erreicht, als

---

[1]) Die hier in Betracht kommenden Quellen sind:

1. Eine kleine Achener Chronik aus dem 15. Jahrhundert, herausgegeben von Loersch, Annalen des historischen Vereins für den Niederrhein, Heft 17, S. 1 ff.

2. Eine kleine handschriftliche Kölner Chronik, Kölner Stadtarchiv, Msc. A. II. 9, Schrift etwa aus der Mitte des 15. Jahrhunderts; vgl. Ennen, Geschichte der Stadt Köln, 2, S. XII.

3. Die Cronica van der hilligen stat van Cöllen, gedruckt 1499, welche wahrscheinlich die eben angeführte handschriftliche Chronik, jedoch in vollständigerer und correcterer Gestalt, benutzt hat.

Die erstgenannte Quelle ist leicht zugänglich, die betreffenden Abschnitte der beiden Kölner Chroniken sind unten nach den von Herrn Dr. H. Cardauns freundlichst zur Verfügung gestellten Abschriften als Anlage 1 und 2 abgedruckt. Beeck hat in seinem Aquisgranum S. 252 jedenfalls ältere Aufzeichnungen benutzt; viel ausführlicher ist Noppius, Aacher Chronik, 2, 170, dem vielleicht die oben erwähnte Achener Chronik vorgelegen hat. Meyer, Aachensche Geschichten, S. 375 ff., stellt hintereinander die Berichte seiner Vorgänger Beeck und Noppius (§ 17), einen Auszug aus der Kölner Cronica von 1499 (§ 18), einen Auszug aus der oben angeführten Achener Chronik (§ 19) und das 244. Capitel des Windeck nebst dem Gedichte (§ 20).

Von den Urkunden, welche den Vorgängen von 1428 und 1429 ihre Entstehung verdanken und vielfache Aufschlüsse gewähren, sind unter Nr. 3 bis 8 der Anlagen nur sechs mitgetheilt. Nr. 4 und 8 sind nach den im Achener Stadtarchiv befindlichen Originalen zum ersten Male gedruckt. Die anderen sind allerdings schon einmal veröffentlicht in der Denkschrift: „Ausführung des Sr. Kurfürstlichen Durchleucht zu Pfalzbayern als Herzogen zu Jülich zustehenden Kaiserlichen Schutz- und Schirm-Rechts in und über Aachen". Mannheim 1793, S. 33 ff. (Vgl. Loersch, Achener Rechtsdenkmäler, S. 7), welche jedoch nicht leicht zu erreichen ist. Da die Originale, wie Staatsarchivar Dr. Hegert mitzutheilen die Güte hatte, sich leider nicht mehr im Düsseldorfer Archiv befinden, so musste jener Abdruck hier zu Grunde gelegt werden. Bei der Herstellung des Textes sämmtlicher Anlagen sind die oben in der Eingangsnote zum Gedichte dargelegten Grundsätze befolgt worden.

deren Ausdruck und Symbol der um 1370 vollendete stolze Bau des Rathhauses gelten kann. Wohlstand und Bevölkerungszahl waren bis zum 19. Jahrhundert niemals grösser als in jener Zeit. Die in ihrem Innern herrschende Ordnung und Sicherheit erlaubten der Stadt mehr als einmal kräftiges Auftreten zur Aufrechthaltung des Landfriedens. Regierung und Vertretung des Gemeinwesens, Verwaltung und Rechtspflege lagen damals noch ausschliesslich in den Händen weniger Familien, aus denen Rath und Schöffen, Bürgermeister und sonstige Beamten hervorgingen, als deren edelster und bester Vertreter Gerhard Chorus erscheint. Mit dem vollendeten Ausbau dieser Verfassung war eine Selbständigkeit erreicht, welche nur geringfügige und kaum merkbare Schranken fand an der durch den Herzog von Jülich als Pfandbesitzer ausgeübten königlichen Vogtei. Die städtischen Finanzen erscheinen in befriedigendem Zustande; ohne dass directe Abgaben die Bevölkerung drückten, standen Einnahmen und Ausgaben der Stadt in richtigem Verhältniss.

Aber jene Blüthezeit trug schon in sich die Keime des Verfalles und grade auf dem Gebiete der städtischen Finanzverwaltung finden sich die ersten Anzeichen eines beginnenden Rückschrittes. Die Stadt-Rechnung von 1387 ist die erste unter den noch vorhandenen, welche mit einer nicht geringen Mindereinnahme abschliesst[1]), nachdem schon Karl IV. in dem am 25. Juli 1349 ausgestellten Freiheitsbriefe die Schuldenlast erwähnt hatte, welche die Stadt bedrücke[2]). Das Gleichgewicht zwischen Ausgabe und Einnahme war bisher schon durch das bedenkliche Mittel des Leibrentenverkaufs aufrecht erhalten worden; man schritt nun zu Anleihen, welche zwar nicht verzinst wurden, jedoch entweder in kurzen Fristen ganz oder doch von Jahr zu Jahr theilweise und in ziemlich starken Raten zurückerstattet werden mussten, nachhaltige Hülfe daher nicht gewährten. Von 1387 an schliessen alle Rechnungen bis zum Ende des 14. Jahrhunderts[3]) mit einem

---

[1]) Laurent, Aachener Stadtrechnungen aus dem 14. Jahrhundert, S. 67 ff.

[2]) Loersch, Achener Rechtsdenkmäler, S. 62, § 12.

[3]) Die im Stadt-Archiv befindlichen Rechnungen des 15. Jahrhunderts sind leider noch immer nicht veröffentlicht.

Deficit; mehr und mehr wurde die Finanzverwaltung der Stadt ein Gegenstand bleibenden Misstrauens und wiederholter Angriffe für diejenigen Bestandtheile der Bevölkerung, welchen immer noch die thätige Theilnahme am städtischen Regiment versagt war.

Es bedarf nicht eines ausdrücklichen Nachweises dafür, dass in einer so blühenden Stadt, wie Achen dies im 14. Jahrhunderte war, Gewerbe und Handwerk sich auch günstig entwickelten, dass Handwerker und Gewerbtreibende zu einem gewissen Wohlstand und behaglichem Dasein gelangten. Selbstverständlich haben sie sich hier, wie überall im Mittelalter, zu Zünften und Innungen vereinigt. Allerdings fehlen ältere Nachrichten über die inneren Einrichtungen dieser Verbindungen fast gänzlich, denn erhalten sind nur einzelne Statuten des Wollenambachts, der grössten und bedeutendsten Zunft, welche alle zur Bereitung des Tuches irgendwie in Beziehung stehende Handtierungen und Gewerbe in sich vereinigte [1]). Jeder Einfluss auf Regierung und Verwaltung der Stadt war den Zünften versagt, manches deutet darauf hin, dass der Rath strenge Oberaufsicht führte und ihnen auch in ihren eigenen Angelegenheiten nur wenig Selbständigkeit zustand [2]);

---

[1]) Eine Verordnung für das Wollenambacht von 1367 bei Loersch, Ach. Rechtsdenkmäler, S. 75, ein Erlass Herzog Reinarts von Jülich und Geldern von 1406, der die Competenz der Zunftgerichtsbarkeit gegenüber der vogteilichen regelt, bei Noppius, 3, S. 139. — In den Stadtrechnungen kommen einige Spuren des Bestehens anderer Zünfte vor, welche bis jetzt noch nicht zusammengestellt sind und daher hier einen Platz finden mögen. Die Färber werden erwähnt in der Rechn. von 1333/34, Laurent, S. 408 Zeile 16. — 1338/39 machte der Rath die Statuten der Gewandschneider, S. 128 Z. 13, und wird von Stadt wegen den Gesellen Geld und Wein geschenkt: „in carnisprivio sociis datum ad societatem eorum in eorum gaffele" u. s. w., S. 137 Z. 18 (so auch 1346/47 S. 193 Z. 3 3.) — 1344/45 bezahlt die Stadt die „vexilla carnificum", S. 147 Z. 21. — 1385/86 hatten die Gerber selbst die „loer assise" für 200 Mark gepachtet, sich also für diese Summe von jeder Abgabe für Lohe befreit, S. 356 Z. 39, und wird das Haus der Pelzer erwähnt, S. 357 Z. 17. — im Mai 1386 werden die Geschwornen der Hausdecker genannt, S. 343 Z. 1.

[2]) Die Werkmeister des Wollenambachts waren im 14. Jahrhun-

der mangelhafte Zustand der städtischen Finanzen aber lastete nicht am wenigsten auf den Handwerkern. Und dazu kam nun ein anderes. Die hier sich ergebenden Missstände waren allerdings zunächst durch die allgemeinen politischen, gesellschaftlichen und wirthschaftlichen Verhältnisse der Zeit und des Landes bedingt, denn die Aufrechthaltung des Landfriedens, die zahlreichen Mannlehen, die Erhaltung der städtischen Befestigungen, die Krönungsfeierlichkeiten, und dann wieder die zahlreichen Leibrenten und Anleihen verursachten ständig grosse Ausgaben, während die fortschreitende Ablösung der städtischen Erbzinsen und andere Ausfälle die Einnahmen stetig verringerten und das rasche Sinken des Geldwerthes aufs störendste eingriff; aber es zeigte sich nun auch, dass die herrschenden Geschlechter den schwierigen Aufgaben nicht mehr gewachsen waren, dass ihnen wie das Geschick, so auch die sittliche Kraft zur Herbeiführung besserer Zustände fehlte.

Die Haupteinnahme der Stadt bestand in den aus der Verpachtung der Verbrauchssteuern (Accisen) eingehenden Geldern. Die jährlichen Verpachtungen selbst wie die Erhebung dieser Steuern und die Entrichtung der Pachtgelder hatten zu allerlei Missbräuchen geführt. Nicht bloss wurden Unterschleife geduldet, man sorgte auch durch Bildung von Gesellschaften, ja durch schlimmere Mittel, wie Drohungen und Bestechungen, dafür, dass die Pachtsummen niedrig blieben, und die Pächter waren regelmässig, wie schon die Rechnungen des 14. Jahrhunderts zeigen, Rathsverwandte. Die einzelnen Beamten begnügten sich nicht mit ihren Besoldungen, suchten sich vielmehr aus den durch ihre Hände gehenden Summen, aus Sporteln und Brüchten, zu bereichern. Mit den von jeher üblichen Ehrengeschenken an durchreisende Personen von Bedeutung, an die Frauen der Beamten und Rathsherren wurde vielfacher Missbrauch getrieben, die Präsenzgelder bei den Rathssitzungen verschleudert, übertriebene Entschädi-

---

dert Patrizier, vgl. Loersch, A. R.-D. S. 57 § 24 und 29, der Rath gab den Zünften ihre Statuten, vgl. die vorhergehende Note, und zur Aufnahme eines neuen Mitgliedes in die Zunft bedurfte es seiner Zustimmung, wie aus dem unten zu besprechenden Vertrag von 1428 hervorgeht.

gungen gewährt für die im Auftrage der Stadt unternommenen Reisen und Botenritte¹).

Diese Zustände haben die Unzufriedenheit der Handwerker begründet; dazu kamen dann noch jene allgemeinen Ursachen, welche für ganz Deutschland die Zunftbewegungen herbeiführten, und von denen einige noch zu erwähnen sein werden. Gewaltsame Angriffe gegen die bestehende Herrschaft der Geschlechter blieben nicht aus.

Schon im 14. Jahrhundert, und zwar 1368, ist eine aufrührerische Bewegung vorgekommen, an deren Spitze die Walker und Weber standen, welche sich bei der St. Peterskirche versammelten. Den Bürgermeistern Kuno von dem Eichhorn und Jacob Colin gelang jedoch rasche Unterdrückung, und die vier von den Aufständischen gewählten Anführer wurden geköpft²).

Das 15. Jahrhundert eröffnet dann gleich mit einer neuen Bewegung, als deren Leiter wiederum die Tuchmacher erscheinen, denn an ihrem Walkhaus wurde 1401 am Freitage vor Johannistag ein Schreiben angeheftet, das zum Aufruhr gegen den Erbrath aufforderte. In der That rotteten sich die Zünfte auf dem Markte zusammen. Zu einem Zusammenstosse scheint es aber eben so wenig gekommen zu sein, wie zu einer Aenderung im städtischen Regiment. Der Erbrath

---

¹) Dass es sich bei den Bestrebungen der Zünfte nicht um blosse Behauptungen und ungerechtfertigte Vorwürfe gegen die herrschenden Geschlechter handelte, sondern um sehr weit gehende Missstände, beweisen die bei Loorsch, A.R.-D. S. 193, Nr. 11 veröffentlichten Vorschläge zur Umgestaltung der Finanz-Verwaltung, welche leider nicht datirt sind, jedenfalls aber, wie dort nachgewiesen, den ersten Decennien des 15. Jahrhunderts angehören. Auf ihrem Inhalt, der im übrigen hier nicht weiter zu verfolgen ist, beruht die oben gegebene Darstellung.

²) So am ausführlichsten a Beeck, S. 251, der auch flüchtig einer Bewegung im Jahre 1348 gedenkt, ihm folgen Noppius und Meyer. Kürzer die kleine von Loorsch, Annalen des histor. Vereins für d. Nrh., Heft 17, herausgegebene Chronik. Wenn letztere allein zum Jahre 1269 einen fast wörtlich gleichlautenden Bericht bringt, so beruht dies sicher auf Nachlässigkeit und Verwechselung: die damaligen Verhältnisse der Stadt gestatten es gar nicht von einem Aufstand der Gemeinde zu reden.

behielt die Gewalt, liess heimlich feststellen, wer an der Spitze der Unzufriedenen stand, und dann diese Anführer „vor und nach", wie sich die Quellen naiv ausdrücken, hinrichten [1]).

Die Bevölkerung ist aber von jener Zeit an nicht mehr zur Ruhe gekommen; die einmal vorhandene, durch gewaltsame Unterdrückung ohne Zweifel noch gesteigerte Unzufriedenheit, als deren Sitz und Heerd das Walkhaus (Kumphaus) bezeichnet wird, machte sich während den folgenden Jahren in häufigen Tumulten Luft; die älteren darüber vorhandenen Nachrichten haben die späteren Chronisten ihrer grossen Zahl und Einförmigkeit wegen sogar nicht mehr wiederholt [2]).

Nachdem das erste Viertel des Jahrhunderts der Stadt noch manche äussere Verwickelung gebracht [3]), führte das auch durch eine grosse Seuche denkwürdige Jahr 1428 [4]) einen völligen Umschwung herbei. Im Sommer desselben fanden neue Bewegungen statt, in welchen der Erbrath nicht mehr die Oberhand behielt, aus denen vielmehr am 29. Juni eine Uebereinkunft mit den Zünften hervorging; nur diese letztere ist uns erhalten [5]), über die Vorgänge, welche sie herbeigeführt haben, dagegen kaum etwas überliefert. Es ist möglich, dass, wie eine Quelle andeutet [6]), der Rath den Versuch machen wollte, zur Be-

---

[1]) Ausführlich die von Loersch herausgegebene Chronik, genau damit übereinstimmend Noppius, kürzer a Beeck; Meyer schweigt hierüber.

[2]) Noppius, 2, S. 169 f. „destoweniger doch nit in folgenden Jahren es an newen Tumulten nicht gemanglet, welche alle zu beschreiben (sonderlich, was das Comphauß, locum communem et abiectum anlangt), ich ein Uberfluß erachte."

[3]) Ich erinnere an den Widerstand der Stadt gegen König Ruprecht. Die Vogtei des Jülichschen Hauses gab ebenfalls zu vielen Misshelligkeiten Veranlassung; eine noch ungedruckte Urkunde des Stadtarchivs vom 4. November 1427 betrifft die gütliche Beilegung derselben. Vgl. überhaupt Haagen, Geschichte, Band II, S. 1 ff.

[4]) Cronica van der hilligen stat van Cöllen von 1499: „ind was ouch grois sterfde durch alle lande den Rin up ind neder zo Cöllen, zo Aichen, ind alre umb Cöllen."

[5]) Abgedruckt bei Loersch, Ach. R.-D. S. 204.

[6]) So Windeck in der dem Gedichte vorausgeschickten kurzen Erzählung.

seitigung der Geldverlegenheiten eine direkte Steuer (Schatzung) einzuführen, diesem Plane aber nicht bloss Weigerung seitens der Handwerker entgegengesetzt wurde, sondern auch die kategorische Forderung einer Rechenschaft über die bisherige Verwaltung. Die Urkunde gewährt wichtige Aufschlüsse und den genauesten Einblick in die damaligen Verhältnisse. Als gleichberechtigte und politisch anerkannte Contrahenten stehen bei diesem Vertrage den alten Inhabern der Regierung, Bürgermeistern, Schöffen und Rath, die Zünfte gegenüber, welche durch die Schneider (Schroeder) vertreten werden. Ausser diesen sind noch acht Zünfte genannt: die Bäcker, Brauer, Schmiede, Wollarbeiter, Schuhmacher, Gerber, Pelzwirker und Zimmerleute; die zu jeder Zunft gehörigen Nebengewerbe („zubehorende ambacht") werden in den Vertrag mit eingeschlossen [1]). Nicht angeführt sind die Fleischer, was die Erzählung gleichzeitiger Quellen bestätigt, wonach diese Zunft sich jeder Opposition gegen die herrschenden Geschlechter enthalten hat [2]). Das wichtigste Recht, was den Handwerkern in diesem Abkommen eingeräumt wurde, war die wirkliche Theilnahme an der Rathsversammlung. Jede Zunft soll fortan zwei ehrbare, wohlbeleumundete Männer wählen, von denen je einer jedes Jahr durch Neuwahl zu ersetzen ist, so dass, abgesehen von der Hälfte der Erstgewählten jeder zwei Jahre im Amte bleibt. Diese achtzehn Abgeordnete der Handwerker sollen jeder Rathssitzung und jeder Verhandlung über jede Art von Sache beiwohnen; sie dürfen ausserdem alle, die Zünfte irgendwie berührenden städtischen Angelegenheiten mit sechs Angehörigen ihrer Zunft besprechen. Zur Aufnahme

---

[1]) Es sind das die späteren sog. Splisse, die Vertheilung der Handwerke in Zünfte hat später vielfach gewechselt. Vgl. Quix, Beschreibung von Achen, S. 147 ff.

[2]) So die beiden Kölner Chroniken (vgl. Anlage 1 und 2), welche kurz aber richtig über den Hauptpunkt der Abmachung berichten, während die Achener Chronik so wenig wie einer der späteren Chronisten sie kennt. Wenn die Cronica von 1499 die Zurückhaltung der Fleischer durch die Erinnerung an die ihnen 1278 zu Theil gewordene Bestrafung wegen der Ermordung des Grafen von Jülich erklärt, so hat schon Meyer, S. 376, Note 2 darauf hingewiesen, dass von letzterer keine Quelle redet.

neuer Zunftmitglieder soll in Zukunft nur noch die Zustimmung der beiden in den Rath abgeordneten Zunftgenossen eingeholt werden müssen, und ohne jede Widerrede ist jede Beschwerde der Handwerker im Rathe zur Verhandlung zu bringen. Dem Erbrathe wird dagegen ausdrücklich für alle Zukunft die bisherige Art und Weise seiner Ergänzung — durch Cooptation — zugesichert. Diese Befestigung seiner schwer erschütterten Stellung hatte aber das Patriziat nicht bloss durch die Zulassung der Handwerker zum Rathe, sondern auch noch durch besondere Concessionen erkaufen müssen, welche, am Schlusse des Vertrags kurz ausgesprochen, ausserordentlich bezeichnend sind für den gesellschaftlichen und wirthschaftlichen Zustand, der jenen Bewegungen zu Grunde lag, und dessen Aenderung nicht minder gebieterisch gefordert wurde als die politische Anerkennung der Zünfte. Das „grosse Mahlgeld" wurde abgeschafft, d. h. die Abgabe, welche von den zur Brodbereitung eingeführten Früchten und sonstigen Producten erhoben wurde. Sie war nach den Abgaben von Wein und Bier die einträglichste der städtischen Verbrauchssteuern, bildete mit diesen beiden zusammen die grossen Accisen im Gegensatz zu zahlreichen geringfügigen [1]), und muss von der Mehrzahl der Bevölkerung als drückend und ungerecht empfunden und verurtheilt worden sein, so dass die Beseitigung dieser Ursache der Vertheuerung des Brodes als ein wirksames Beschwichtigungsmittel erschien. Wichtiger für die Entwickelung des gesammten Verkehrs war die andere dem Rathe abgedrungene Concession, dass fortan den Bürgern gestattet sein solle, unter einander den Zinsgulden zu nehmen und zu geben. Damit wurden die Schranken hinweggeräumt, welche das canonische Zinsverbot der vollen Nutzbarmachung des Capitals gezogen hatte, und das einfache Darlehen mit Zinsversprechen trat an die Stelle der verschiedenen schwerfälligen Geschäfte, welche bisher nothdürftig seine wirthschaftlichen Functionen ersetzt hatten [2]). Dies musste vor allem dem Handwerkerstande eine

---

[1]) Vgl. die Uebersicht bei Laurent, S. 67 ff.

[2]) Wenn die Urkunde hier ausdrücklich als einer Analogie der Leibzuchtgulden gedenkt, welche die Stadt zahle, so ist dies eine durchaus zutreffende Berufung auf die Rolle, welche die Leibzuchtsverkäufe im städtischen Haushalt spielten: — sie ersetzten eben theilweise das zinsbare Darlehen.

willkommene Hülfe gewähren, dessen Credit einerseits nicht
auf eigenen Grundbesitz begründet werden konnte, so dass
statt einer Sicherheit durch dingliche Belastung die regelmässige Zinsenzahlung den Capitalisten anziehen musste, und
dessen Vermögen andererseits lediglich in Mobilar-Werthen
bestand, da naturgemäss das baare Geld bei ihm zusammenfloss, das durch Ausleihen gegen Zinsen wiederum am leichtesten und bequemsten zu verwerthen war.

Was so in Achen angestrebt und erreicht wurde, entspricht
durchaus den Erscheinungen, die früher oder später in allen
Städten des Mittelalters uns entgegen treten, und diese wirthschaftliche Seite der Bewegung dient theilweise zur Erklärung
dafür, dass letztere auch in anderen Schichten der städtischen
Gesellschaft Anklang fand. So steht es fest, dass die Bestrebungen der Achener Zünfte Theilnahme, ja thätige Unterstützung fanden in den Kreisen des Patriziats, selbst bei
Mitgliedern einzelner Familien, deren Häupter zu den entschiedensten Vertheidigern des Bestehenden zählten. Ein gewisser Godard von dem Eichhorn [1]) und sein Schwager Godard
Proest (oder Proeft) wurden von ihren Standesgenossen des
geheimen Einverständnisses mit den Zünften beschuldigt. Schon
im Sommer 1428 scheint die Kunde von heimlichen Berathungen in den Bädern zu Burtscheid den Erbrath misstrauisch gemacht zu haben, er schloss die beiden Männer aus
seiner Mitte aus und liess ihre Häuser wie ihr Thun und
Treiben scharf beobachten. Diese Massregeln trieben jedoch
die abtrünnigen Patrizier nur zu vollständigem Anschluss an
die Sache der Reformpartei [2]).

---

[1]) Es ist vermuthlich derselbe, der zwischen 1420 und 1425 Meier
zu Burtscheid war, vgl. Loersch, Annalen des histor. Vereins für
den Niederrhein, Heft 21 und 22, S. 251.

[2]) Quelle für diese Nachrichten sind zwei am 14. März und 17.
Juni 1430 durch den Notar Georg Lutzenburch aus Achen zu Mastricht aufgenommene Zeugenverhöre, welche aber entschieden günstig
für die ihre Versöhnung mit den Patriziern betreibenden Beschuldigten lauten. Sie gehören einer grossen Reihe von Actenstücken
an, welche das städtische Archiv aufbewahrt, und deren Veröffentlichung vollstes Licht über die so interessanten Vorgänge von 1428
und 1429 verbreiten würde. Nicht weniger als 202 Nummern aus

Es ist vielleicht grade der Verbindung mit jenen Unzufriedenen aus dem bisher herrschenden Stande zuzuschreiben, wenn die Zünfte schon nach wenigen Wochen den Rechtsboden des am 29. Juni geschlossenen Vertrags verliessen, um alle bestehende Ordnung gewaltsam umzustossen. Ob sonstige Einflüsse, vielleicht auch ein Versuch des Raths, die Ausführung jener Vereinbarung zu hintertreiben, dabei mitgewirkt haben, muss bei dem Schweigen der Quellen dahin gestellt bleiben; wir wissen nur, dass am Laurentiustage (10. August 1428) eine vollständige Umwälzung stattfand. Die Handwerker setzten einen völlig neu gebildeten Rath als Regierungsbehörde ein, der seinen Sitz hauptsächlich im Augustinerkloster, also ganz nahe beim Rathhause nahm, und sofort, unter Beseitigung jeder Autorität des alten Erbrathes, eine Menge neuer, vom Hergebrachten durchaus abweichenden Einrichtungen anordnete und durchsetzte. Eine Massregel wurde insbesondere den Fleischern gegenüber ergriffen, um sie wegen ihres Festhaltens an der alten Ordnung der Dinge empfindlich zu strafen. Statt des einen Verkaufslocales, das der Zunft diente, wurden drei Stellen bestimmt, wo fortan Fleisch verkauft werden durfte, und zwar sicherlich auch von solchen, die der Innung nicht angehörten. Die Tuchmacherzunft beseitigte ihrerseits die bisher vom Rath ihr gesetzten Vorsteher und Beamten, scheint aber an den zur Wahrung der Güte der Fabrikate bestehenden Einrichtungen festgehalten zu haben, denn die aus eigener Wahl hervorgegangenen Beamten nahmen ebenfalls auf den Webstühlen und Trockenrahmen die

---

den Jahren 1428—1464 betreffen den Streit der Stadt mit Godfried von dem Eichhorn und Godfried Proest. Vielleicht steht mit diesen Dingen auch noch ein anderer Rechtsstreit in Zusammenhang, der zwischen der Stadt und einem gewissen Hermann von der Hallen geführt wurde, und über den 43 Urkunden aus der Zeit von 1428 bis 1438 vorliegen. Endlich werden im Archiv noch 31 Schriftstücke aufbewahrt, welche sich im Allgemeinen auf den Aufstand von 1428 und seine Folgen beziehen. (Vgl. das handschriftliche Hauptverzeichniss des Archivs Seite 226, 224, 241 unter den Nummern XIII, XII und XVII.) Die Veröffentlichung dieser reichen Sammlungen, sei es im Wortlaute, sei es in genauen Auszügen, wäre eben so lohnend wie wünschenswerth.

Prüfung der Waare vor und hielten in ihrer Art und Weise Gericht [1]). Der Erbrath unterwarf sich schweigend im Gefühle seiner Ohnmacht gegenüber der zahlreichen und erbitterten „Gemeinde". Diese aber beutete den ihr so leicht zugefallenen Besitz der Herrschaft rücksichtslos und selbstsüchtig aus. Die Kölner Quellen berichten von einem „Ablegen" der Zinsen in der Stadt und haben uns damit einen bezeichnenden Zug zur Charakterisirung des Zunftregiments aufbewahrt. Auch hier tritt wieder die wirthschaftliche und gesellschaftliche Bedeutung jener Bewegungen hervor. In Achen wie in anderen königlichen Städten war der Grund und Boden, der ursprünglich dem Könige gehörte, während des ganzen Mittelalters nur in den Händen weniger Herren. Durch Schenkung, Belehnung und nicht am wenigsten durch Usurpation war er theils an die Stadt selbst, theils an die Stifter und Klöster, theils an die Geschlechter gelangt und der gewerbtreibenden Bevölkerung von diesen in kleinen Stücken als Wohnstätten zu blossem Erbzinsrecht überlassen. Die jährlichen Abgaben, welche auf solchem abgeleiteten Besitz laste-

---

[1]) So die Achener Chronik, Annalen des hist. Vereins für den Niederrhein, Heft 17, S. 6 und entsprechend a Beeck und Noppius. Sie lässt aber die ganze Bewegung des Jahres 1428 erst mit dem 10. August beginnen, datirt erst von jenem Tage die Einigung unter den Handwerkern und deren Organisation in zehn einzelne Zünfte. Dass diese beiden Thatsachen schon lange vorher sich vollzogen hatten, ist oben gezeigt, und die Auffindung des Vertrags vom 29. Juni 1428 lässt die Entwickelung der Dinge klar übersehen. An dies letztere Datum knüpfen ganz richtig die Kölner Chroniken (Anlage 1 und 2) an; sie kennen zwar nicht das andere Datum des 10. August, unterscheiden aber im Einklang mit den übrigen Quellen den Moment, wo die Gemeinde (oder der neue Rath der Gemeinde) „in dat beses quam", und knüpfen daran sowohl die wichtige Mittheilung von dem „Ablegen der Zinsen" wie ihre durchaus zutreffenden Betrachtungen über die mangelnde politische Reife der Zünfte.

Die Erzählung, welche Windeck dem Gedicht vorausschickt, unterscheidet die Abschnitte der Bewegung nicht, berichtet überhaupt nur in oberflächlicher Weise über die Veranlassung des Streites. Eigenthümlich ist ihr die Angabe, dass sechszehn Personen von den Handwerkern „aufgestanden" seien. Die Zahl stimmt auch nicht zu den achtzehn Rathsmännern der neun Zünfte.

ten, waren ihrer ursprünglichen Bedeutung nach unablöslich; allerdings hat die Stadt, veranlasst durch ihre finanzielle Bedrängniss, schon im 14. Jahrhundert Ablösungen gestattet, wodurch zwar für den Augenblick ausserordentliche Capitaleinnahmen sich ergaben, ihre regelmässigen Einkünfte sich aber verminderten [1]). Die Patrizier und die Geistlichkeit hielten dagegen noch im 15. Jahrhundert an der Unablöslichkeit der Erbzinsen fest [2]). Die stets wiederkehrende Abgabe musste das Bewusstsein der Herrschaft auf der einen, der Abhängigkeit auf der andern Seite erhalten; so willkommen diese Empfindung dort gewesen sein mag, so bitter machte sie sich hier geltend, um so mehr als die wohlhabend gewordenen Handwerker nun meistens in der Lage gewesen wären, durch Zahlung der Ablösungssumme freien Grundbesitz zu erwerben. Unzweifelhaft gehörte dieser letztere dann auch zu den althergebrachten Voraussetzungen der Rathsfähigkeit. War zwar von einem derartigen Erforderniss bei der neuerlich erfolgten Zulassung von Zunftgenossen zum Rathe abgesehen worden, so mussten die Abgeordneten der Handwerker ihre Inferiorität in diesem Punkte doch neben den reichen Patriziern mit Groll empfinden.

Jetzt, wo die Zünfte die volle Gewalt besassen, erschien die Gelegenheit günstig, den verhassten Zuständen ein Ende zu machen. Vor allem mag wohl der Grundsatz unbedingter Ablösbarkeit ausgesprochen worden sein in Verbindung mit der Festsetzung erleichterter Bedingungen für das Ablösungsverfahren selbst; höchst wahrscheinlich ist aber auch in den

---

[1]) Aus den Stadtrechnungen geht hervor, dass die Einnahmen aus den Erbzinsen stetig wuchsen, von 29 Mark 8 Schillinge im Jahre 1344 bis auf 1667 M. 11 Sch. 4 Den. 1391. In diesem Jahre werden zuerst Erbzinsen angeführt mit dem Zusatz „die niet afgeloist en sint" (Laurent, S. 386), 1394 brachten die Erbzinsen dann nur noch 1580 M. 10 Sch. 10 D.

[2]) Erst in den Jahren 1453 und 1454, nachdem 1450 die ganze städtische Verfassung durch den Gaffelbrief zu Gunsten der Zünfte geändert worden, ist ein Gesetzentwurf entstanden, der die unbedingte Ablösbarkeit jedes Zinses ausspricht, vgl. Loersch, Ach. R.-D. S. 212, §§ 2—5, wo nicht bloss von solchen Zinsen die Rede ist, welche Geistlichen oder geistlichen Anstalten gehören.

meisten Fällen einfach die Beseitigung des Zinses vom „neuen" Rathe decretirt worden, oder die einzelnen Handwerker nahmen Veranlassung, die Zahlung zu unterlassen oder zu verweigern [1]). Das musste zu einer neuen Schädigung der städtischen Finanzen führen, die ja theilweise auf die Einnahme aus den Erbzinsen angewiesen waren; völlig zerrüttet wurden aber dadurch die Vermögensverhältnisse der Patrizier, welchen ein sehr bedeutendes Einkommen aus ihrem städtischen Grundbesitz auf diese Weise, vorläufig wenigstens, völlig entzogen wurde. Wenn irgend etwas geeignet war die Geschlechter zu erbittern, so muss es dieses ungerechte Vorgehen der Handwerker gewesen sein [2]). Für jene handelte es sich nun nicht mehr bloss um Macht und Ansehen, sondern um den ganzen Bestand ihres Vermögens, ihrer wirthschaftlichen Existenz, kein Wunder also, wenn sie anfingen auf Mittel zu sinnen, wie dieser Schreckensherrschaft ein Ziel gesetzt werden könne.

Die Mitglieder des bisherigen Erbrathes und ihre Anhänger scheinen jeden Versuch einer Gegenbewegung zur Absetzung der neuen Regierung unterlassen zu haben. Im Gefühle ihrer eignen Ohnmacht sahen sie sich vor allem nach Bundesgenossen um. Ein bewaffnetes Einschreiten seitens des Herzogs von Jülich, dem ja die Vogtei über Achen zustand und der gewiss das grösste Interesse daran hatte, die Stadt zu geordneten Zuständen zurückzuführen, hätte nahe gelegen [3]), ist

---

[1]) Meyer übersetzt S. 376 § 18 die Kölner Chronik von 1499 ohne jedes Verständniss: „so bald nun der neue Rath Besitz genommen hatte, fing derselbe an, **feste Zinsen auf die Stadt zu legen**".

[2]) Die Bedeutung der Erbzinsen für das Vermögen der Patrizier geht deutlich hervor aus der von Loersch, Annalen des hist. Vereins f. d. Niederrhein, Heft 21 und 22, S. 257 ff. mitgetheilten Urkunde von 1423. Kuno von dem Eichhorn zählt hier die Schenkungen auf, die er dem Regulirherrenkloster zuwendet, und von den 176 Posten der Urkunde enthalten 158 lediglich Zinsen, deren Mehrzahl von Handwerkern zu entrichten ist.

[3]) Die bei Lacomblet, U. B. IV, S. 217 abgedruckte Urkunde (vgl. den Inhalt bei Haagen, Geschichte II, S. 35) steht sicher nicht mit den Achener Verhältnissen im Frühjahre 1429 in Zusammenhang. König Sigismund hätte damals keine Aufforderung zum Schutze der

aber nicht versucht worden. Ein förmlicher Angriff auf die Stadt würde zu einer Belagerung geführt haben, deren Ausgang immerhin zweifelhaft blieb, die auch lange Zeit in Anspruch genommen hätte, während welcher aber jedenfalls die in der Stadt sitzenden Patrizier mit ihren Familien, mit Haus und Habe den erbitterten Zunftgenossen preisgegeben waren. Viel sicherer musste eine Ueberrumpelung der Stadt zum Ziele führen, wenn sie gehörig vorbereitet und mit genügenden Streitkräften unternommen wurde. Auf diesen Plan kam denn auch der abgesetzte Erbrath zurück; sicher schon im Herbst des Jahres 1428 haben die Unterhandlungen begonnen, erst im Sommer 1429 gelangten sie zu einem Abschluss. Einige Abgesandten der Geschlechter, an deren Spitze die Schöffen Ritter Kuno von dem Eichhorn und (Johann?) Beissel standen [1]), begaben sich heimlich zu einer in Bonn um Johannis stattfindenden Versammlung Rheinischer Dynasten und Adelichen [2]), wo ausser anderen anwesend waren das Haupt der Jü-

---

Bürger erlassen, wenn ihm die gewaltsame Verfassungsänderung bekannt gewesen wäre. Die Urkunde ist jedenfalls lange vor ihrer Ausfertigung und wahrscheinlich vom Herzoge von Jülich zur Unterstützung seiner Ansprüche auf Ausübung des Schutzes erbeten worden.

[1]) Alle Quellen nennen übereinstimmend Kuno von dem Eichhorn als den Führer dieser Deputation und als den Erfinder des ganzen Anschlags (vgl. Vers 65 u. 106); er war damals die einflussreichste und politisch hervorragendste Persönlichkeit der Stadt, hatte diese schon 1407 in den Unterhandlungen mit König Ruprecht und später auf dem Concil zu Constanz vertreten. Näheres über ihn und sein Geschlecht bei Loersch, Zur Gründungsgeschichte des Achener Regulirherren-Klosters, in den Annalen des histor. Vereins für den Niederrhein, Heft 21 und 22, S. 234 ff. — Vers 18 allein nennt Herrn „Besel", gemeint ist jedenfalls ein Mitglied des alten Patriziergeschlechtes der Beissel; von den zwischen 1413 und 1431 vorkommenden Schöffen dieses Namens, Johann, Gerard (mit dem Zusatz: von Heisterbach) und Colin, tritt der erste politisch am meisten hervor, noch 1431 wurde er zu König Sigismund gesandt (vgl. Haagen, Geschichte II, S. 39), er wird auch wohl in Bonn gewesen sein.

[2]) Ueber den Ort sind alle Quellen einig. Das Datum des 24. Juni findet sich allein in der Achener Chronik. Die kleine Kölner Chronik (Anlage 1) nennt unter Verwechselung mit späteren Vorgängen hier den Evenmonat. In gleichzeitigen Urkunden finden sich Spuren der Bonner Versammlung nicht.

lichschen Nebenlinie Johann II. von Loen, Herr zu Jülich, Heinsberg und Löwenberg, Graf Ruprecht von Virneburg und der Erbvogt von Köln Graf Gumpert von Neuenahr [1]). Mit ihnen fanden eingehende Unterhandlungen statt [2]). Die Achener Patrizier erklärten sich den jeder Zeit in Geldverlegenheiten befindlichen Herren gegenüber zur Auszahlung einer bedeutenden Summe bereit und diese versprachen dagegen gemeinsam die so dringend gewünschte bewaffnete Intervention, über deren Ausführung dann noch die nöthigen Verabredungen getroffen wurden. Die nächste Sorge musste sich darauf richten, dass eine bedeutende Zahl von Streitern zur Verfügung stehe, um jeden Widerstand im Keime zu ersticken, der gesammten Menge der Zunftgenossen gewachsen zu sein. Grosse Schaaren auf einmal und erst im entscheidenden Augenblicke in die Stadt zu werfen, hatte sein missliches, man liess daher nach und nach, während des Monats September, zahlreiche Söldner und Waffenknechte der mit den Patriziern verbündeten Landesherren als Pilger verkleidet sich in die Stadt einschleichen. Bei der ungeheuren Menge von Leuten aus allen Ländern der Christen-

---

[1]) Diese drei nennen alle Quellen ausser dem Gedichte, das nur die beiden ersten Namen hat. Die Achener Chronik kennt den Vornamen des Herrn von Heinsberg (er regierte von 1395—1433, starb 1438, vgl. Voigtel-Cohn, Stammtafeln, Nr. 212) nicht und unterscheidet ihn irriger Weise von „Johann von Loer", der von Virneburg nennt ihn Vers 40 Oheim, die Achener Chronik bezeichnet jenen und den Grafen von Neuenahr als seine Neffen, das verwandtschaftliche Verhältniss ist nicht nachweisbar.

[2]) Die Besprechungen, welche Vers 12 bis 95 enthalten, beruhen natürlich auf dichterischer Erfindung; den wirklichen Verhältnissen entsprechen aber die Klagen der Patrizier darüber, dass ihnen ihre Einkünfte vorenthalten werden, der Vorschlag eines Ueberfalls und der Tödtung einiger Anführer, das Anbieten von Geld. Gut erfunden sind die Anspielungen auf zwei ähnliche Vorgänge. In Vers 58 wird warnend an das erinnert, was zu Brüssel geschah; von Liliencron hat bereits darauf hingewiesen, dass dort im Jahre 1420 derselbe Herr von Heinsberg in die Gefangenschaft der Bürger gerieth, aus der er erst 1421 losgelassen wurde, vgl. darüber Edmundi de Dynter, Chronica nobiliss. ducum Lotharingiae et Brabantiae, ed. de Ram, III, S. 409 ff., De Brabantsche Yeesten, herausgeg. von Bormans, III, S. 457 ff. — Vers 75 ff. gedenken dann nicht ohne Selbstgefühl der Ermordung des Grafen Wilhelm von Jülich im Jahre 1278.

heit, welche in jener Zeit, besonders im Sommer, ihre „Achfahrt" zum Münster und dessen Reliquienschatz unternahmen, war die leicht durchführbare Rolle des Pilgers ein vortrefflicher Schutz. Die einmal hereingelangten fanden dann leicht ein Unterkommen in den weitläufigen Besitzungen der Patrizierfamilien oder nahmen Herberge in den Gasthäusern; die ganze Stadt wurde auf diese Weise so zu sagen besetzt [1]). Man ging nun von Seiten der Geschlechter zu weiteren Vorbereitungen über. Da ein Strassenkampf und die Verwendung von Reitern vorauszusehen war, so musste eine für die Angegriffenen als Schutzmittel eben so wichtige wie für die berittenen Angreifer gefährliche Einrichtung beseitigt werden. Nach mittelalterlicher Sitte waren in vielen Strassen der Stadt Sperrketten angebracht. Diese liessen die Patrizier heimlich unbrauchbar machen [2]). Den zu Bonn getroffenen Verabredungen gemäss sollten die adelichen Herren mit ihren Rittern erst im entscheidenden Momente und zwar Nachts in die Stadt eindringen, dafür musste ein Thor geöffnet werden können. Selbstverständlich waren die Schlüssel in Verwahrung des thatsächlich regierenden Rathes, die Thore von dessen Anhängern bewacht, soweit überhaupt eine Bewachung stattfand. Durch eine List gelangten, wie eine Quelle berichtet [3]), die Patrizier in den

[1]) Dass die Reisigen der Dynasten sich als Pilger eingeschlichen, sagen alle Quellen ausser dem Gedichte ausdrücklich; aber auch es bestätigt die Thatsache, indem es jenen Ueberfall ironisch als eine „Achfahrt" bezeichnet: V. 2, 242, 276, 301, 307. Die kleine Achener Chronik gibt den Donnerstag nach Dionysius (22. September) als den Tag an, wo die Pilger einzogen; nach der Kölner Cronica (Anlage 2) sind sie am achten und am vierten Tage vor dem Ueberfall, also vielleicht in zwei als Pilgerzüge auftretenden Abtheilungen, in die Stadt gelangt.

[2]) Alle Quellen berichten dies, das Gedicht allein weiss nichts davon, a Boeck und Noppius haben diese Einzelheit nicht. Genaueres über diesen Punkt gibt Loersch in den Jahrbüchern des Vereins von Alterthumsfreunden im Rheinlande, Heft 42, S. 189 ff.

[3]) Windeck allein bringt diese Nachricht in seiner kurzen Einleitung zum Gedicht; höchst wahrscheinlich beruht die Erzählung auf mündlicher Ueberlieferung. Nach Vers 83 des Gedichts wären die Patrizier schon im Besitz der Schlüssel gewesen, als sie zur Bonner Versammlung zogen, Vers 101 deutet auf eine besondere List zur Erlangung der Schlüssel hin.

Besitz der Schlüssel des Pontthores; ein argloser Handwerker überlieferte sie einem ihm nahestehenden Mitgliede des alten Rathes zu einem frühen Gange vors Thor, der Rathsherr liess sie eiligst in Wachs abformen und nach der Form neue Schlüssel anfertigen. Nachdem so alle Vorbereitungen getroffen waren, konnte zur Ausführung des Anschlags geschritten werden. Die verbündeten Landesherren wurden benachrichtigt und versammelten in der Nacht vom ersten auf den zweiten October ihre Streitkräfte vor der Stadt; die Zahl der hier vereinigten Reiter wird auf 1400 bis 1600 angegeben [1]). Um zwei Uhr nach Mitternacht [2]) wurde von innen das Pontthor [3]) geöffnet und der ganze Zug eilte die grosse Pontstrasse hinunter, die kleine Pontstrasse hinauf, in vollstem Rennen dem Markte zu. Hinter den Reisigen wurde das Thor wieder geschlossen und von zuverlässigen Leuten besetzt; an den anderen Thoren der Stadt übernahmen sofort die Anhänger und Hülfstruppen des Rathes die Bewachung, wahrscheinlich ohne Widerstand bei den sorglosen Zunftgenossen zu finden [4]). Die Stadt und die gesammte Bürgerschaft war auf diese Weise vollständig und mit einem Schlage in die Gewalt der eingedrungenen Ritter gelangt. Selbstverständlich wurde von diesen das Rathhaus sofort besetzt. Die durch Geräusch und Fackelschein aus tiefem Schlafe aufgeschreckten Anhänger der Zunftherrschaft stürzten aus den Häusern; aber die Vereinigung der wehrbaften Männer war unmöglich, jeder Versuch eines Widerstandes vergeblich. Jede Strasse war besetzt, von allen Seiten tauchten die Söldner der Patrizier auf, die Sperrketten erwiesen sich als unbrauchbar, selbst die Flucht war durch die vorsorgliche Besetzung aller Thore und Mauern abgeschnitten. Die Tollkühnen,

---

[1]) Die kleine Achener Chronik hat die grössere, a Beeck die kleinere Zahl, Noppius kennt beide.

[2]) So die kleine Achener Chronik und die Kölner Cronica von 1499 (Anlage 2), die kleine Kölner Chronik (Anlage 1) gibt die dritte Morgenstunde an.

[3]) Dass die Ueberfallenden durch das Pontthor eingelassen wurden, berichten ausdrücklich die kleine Achener Chronik und das Gedicht (Vers 108).

[4]) Die Besetzung aller Thore von innen wird übereinstimmend von der Achener Chronik und den Kölnischen Quellen bekundet.

welche vereinzelt einen Angriff wagten, wurden durch die allerwärts an Zahl überlegenen wohlbewaffneten Reiter niedergemacht. Nur an einer Stelle kam es zu einem Kampfe in grösseren Massen. Eine nicht geringe Anzahl von Bürgern hatte sich zur hoch gelegenen St. Jacobskirche durchgeschlagen, dort Sturm geläutet und dadurch ihre Genossen herbeigezogen. Hier fanden denn auch die herbeieilenden Berittenen hartnäckigen Widerstand und es entwickelte sich um und in der Kirche ein heisses Gefecht, das sogar theilweise vom Thurme herab mit Steinen geführt wurde, jedoch trotz aller Tapferkeit der Zunftgenossen mit deren vollständiger Niederlage endete. Mehr als vierundzwanzig von ihnen blieben todt auf dem Platz, eine noch grössere Zahl wurde verwundet [1].

In wenigen Stunden war die Herrschaft der Zünfte vernichtet; unter dem Schutze der eingedrungenen Dynasten und ihrer bewaffneten Schaaren ergriff der alte Erbrath sofort wieder die Regierung und versammelte sich auf dem Rathhause an hergebrachter Stätte [2]. Seine erste Amtshandlung war die Bestrafung der Führer und Leiter des bisherigen Regiments; man verhaftete eine Anzahl derselben und nach kurzem Verfahren erfolgte die Verurtheilung zum Tode durch das Schwert. Am 3. October schon wurden auf öffentlichem Markte hingerichtet: Meister Stephan von Brog der Schneider (Schroeder), Heinrich der Jackensticker, This (Mathias) von Mausbach, Mies (Bartholomäus) Rademacher, Geis (Gisbert) von Eschweiler [3]. Der Rath übte hier die hohe Strafgerichtsbarkeit

---

[1] Die Episode des Kampfes bei St. Jacob ist nur den Achener Quellen bekannt, das Gedicht widmet ihr die wenig zusammenhängenden Verse 115—157, die kleine Chronik kennt allein die Zahl der Getödteten, a Beeck und Noppius geben einen mit ihr genau übereinstimmenden Bericht.

[2] So die kleine Achener Chronik.

[3] Nur die Achener, nicht die Kölner Quellen kennen Namen und Zahl der Hingerichteten. Das Gedicht nennt bloss die vier ersten (Vers 173—216); die kleine Achener Chronik fügt noch Geis von Eschweiler hinzu, so auch Noppius, während a Beeck nur die Zahl vier kennt. Den vollen Namen des wohl nach einem Dorfe Broich genannten Meister Stephan hat allein Noppius, die anderen Quellen nennen ihn nur den Schroeder, seine Kinder suchten noch 1439 aus Rache einen Aufstand zu erregen (vgl. Noppius zu diesem Jahr). Hein-

unzweifelhaft auf Grund alten Herkommens, und die Bürger, welche den öffentlichen Frieden der Stadt gebrochen, traf in diesem wie in manchen vorhergegangenen Fällen die schwerste, aber nicht entehrende Strafe [1]). Nicht alle Schuldigen, vielleicht nicht einmal die Schuldigsten sind davon ereilt worden, den Patriziern, welche mit den Zünften gemeinsame Sache gemacht hatten, gelang es zu entkommen [2]). Auch von den Handwerkern wurden einige gerettet, die man grade mit besonderem Eifer seitens des alten Rathes suchte; trotz der Bewachung der Thore und Mauern wurde ein gewisser Tillmann Falk in einer Düngerkarre versteckt aus der Stadt geschafft, während sein Sohn Leonhard durch ein Loch der Stadtmauer entwischte. Der Bildschneider Meister Hartmann verliess die

rich der Jackensticker ist nur nach seinem Gewerbe genannt; ihm sind insbesondere die Verse 189—216 gewidmet, aus denen hervorgeht, dass er ältere Beziehungen zu Johann von Heinsberg hatte, der ihn, trotz des Anbietens seiner ganzen Habe als Lösegeld, nicht retten wollte. Radermecher ist wohl eher ein Name als Bezeichnung nach dem Gewerbe, er erinnert an die Rotarii, seit dem 14. Jahrhundert in Achen wohnende Lombardische Wechsler. Die beiden anderen Hingerichteten sind nach bekannten Ortschaften genannt, Muisbach, (vgl. die Varianten zu Vers 179) jetzt Mausbach, gehörte der Abtei Cornelimünster, vgl. Kaltenbach, der Regierungsbezirk Achen, S. 214, über Eschweiler S. 209, über Broich S. 261, 382. Wegen der Taufnamen vgl. das Verzeichniss bei Jos. Müller, Prosa und Gedichte in Achener Mundart, 2. Aufl. 1869, I, 233 ff.

[1]) Die älteren Achener Rechtsquellen geben keine Auskunft über die Strafgerichtsbarkeit des Rathes und über die Strafe des Friedensbruches durch Aufruhr gegen die Obrigkeit, letztere ergibt sich aber aus allgemeiner in Deutschland geltender Gewohnheit, für welche Sachsenspiegel II, 13, § 5 Zeugniss ablegt. Das Urtheil über Bürger, welche die Strafe des Schwerts verwirkt hatten, stand später dem Grossen Rathe zu, vgl. Noppius, Theil I, S. 115.

[2]) Wie oben bemerkt, hielten Godart von dem Eichhorn und sein Schwager Proist sich noch im Jahre 1430 zu Mastricht auf, von wo aus sie beim Rathe ihre Rehabilitirung betrieben. Die kleine Achener Chronik sagt ausdrücklich, die „principalen" hätten noch in der Nacht vom 1. auf den 2. October, offenbar durch die Verwirrung des Kampfes begünstigt, aus der Stadt entfliehen können. Vgl. auch Anlage 8.

Stadt in einer Verkleidung ¹). Die Handwerker jubelten wegen solcher Rettungen, die den Zorn der Patrizier nur um so mehr anfachten.

Die Hinrichtungen hatten Schrecken und Entmuthigung unter den Bürgern verbreitet. Geschützt durch die in der Stadt lagernden Ritter und Reisigen schritt der Rath zu einer weitern unerhörten Massregel, welche der gesammten Gemeinde in feierlichster Weise die eben erfolgte Unterwerfung einprägen, jeden einzelnen mit der wieder eingesetzten Obrigkeit aufs neue verbinden sollte. Aus dem Liebfrauenmünster wurde ein uraltes, aus karolingischer Zeit stammendes Reliquienkästchen herbeigeschafft, das Erde enthalten soll, in die das Blut des Erzmärtyrers geflossen, und das besonders ehrwürdig erschien, weil es bei der Königskrönung gebraucht wurde ²). Auf dieses Heiligthum mussten nun die männlichen Einwohner, die sämmtlich zum Rathhause entboten worden waren, alte wie junge in Gruppen von je sechs eingetheilt, einen feierlichen Eid leisten, so ein Gelöbniss des Gehorsams für die Zukunft, wie ein Versprechen, sich für das Geschehene nicht rächen zu wollen, Unterthaneneid und Urfehde zugleich ³). Die Herren von Heinsberg und von Virneburg waren bei dieser Eidesleistung mit anwesend und besiegelten die darüber er-

---

¹) Diese Namen und die Einzelnheiten der Flucht berichtet allein das Gedicht (Vers 225—252), gewiss aber in diesen Dingen eine durchaus zuverlässige Quelle.

²) Das Kästchen befindet sich seit 1798 in Wien, es gehörte bis dahin zu den wenigen immer in Achen verbleibenden Reichskleinodien und wurde bei jeder Krönung nach Frankfurt gebracht. Abbildung und Beschreibung bei Bock, Karls des Grossen Pfalzkapelle I, S. 158 ff.

³) Die Formel ist in Anlage 8 mitgetheilt, sie ist vom 14. October 1429 datirt, an welchem Tage der Rath sie wahrscheinlich dem Herzoge von Jülich übersandte. Alle Quellen sprechen zuerst von den Hinrichtungen, dann (und zwar in allen Einzelheiten übereinstimmend) von der Eidesleistung; es liegt in der Natur der Sache, dass jene dieser vorausgingen. Das Gedicht allein gedenkt des Schwörens auf St. Stephans Blut in Vers 165—170 vor seinem Bericht über die Enthauptungen, kommt aber noch einmal in Vers 253—259 auf den Eid zurück; wohl auch ein Beweis dafür, dass es aus verschiedenen Liedern zusammengesetzt ist. Mit Recht wird diese Eidesleistung in Vers 254 als ein „neues Gesetz" bezeichnet: ähnliches hatte nie stattgefunden.

richtete Urkunde, verwahrten sich aber ausdrücklich gegen
die Absicht, aus dieser Betheiligung Rechte herleiten zu wollen¹). Zwölf Tage lang²) blieben die eingedrungenen Herren
und Ritter mit ihren Schaaren in dem unterworfenen Achen;
nicht nur waren diese „Gäste" mit ihren Ansprüchen auf Herberge und Unterhalt eine schwere Last für die gesammte
Bürgerschaft, sie ersparten der Stadt, in der sie sich als
Sieger fühlten, nicht einmal empfindliche Demüthigungen, welche
selbst die Mitglieder und Anhänger des alten Raths mit Schmerz
empfunden haben müssen. Der Herr von Heinsberg hing am
Rathhause sein Banner aus, wie ein Landesherr in der eignen
Stadt; auf dem Markte wurden Waffenspiele gehalten und in
feierlichem Zuge umritten die Reisigen den in der Mitte stehenden Brunnen³). Erst am 14. October wurde die Stadt von
ihrer Besatzung befreit, an diesem Tage wenigstens stellten
Johann von Heinsberg und Ruprecht von Virneburg als Anführer und Vertreter aller derjenigen, welche in Achen eingezogen waren, eine Urkunde aus, in der sie erklären, dass
sie im wohlverstandenen Interesse der Stadt sich veranlasst
gesehen, Bürgermeister, Schöffen, Rath und Bürger bei ihren
alten Privilegien und Gewohnheiten zu erhalten. Sie verzichten feierlich auf alle Ansprüche, welche sie auf Grund der
Unkosten und Schäden, die ihnen der „Ritt" verursachte, oder
der Gefangennehmung, Verwundung und Tödtung ihrer Leute,
gegen Stadt und Bürgerschaft erheben könnten, sie versprechen
sogar letztere gegen alle derartige Ansprüche zu vertreten⁴).
So uneigennützig dies Document auch klingen mag, es ist thatsächlich nur die Quittung gewesen für grosse Summen, welche

¹) So erklären sie selbst, vgl. Anlage 4 am Schlusse. Das von
ihnen besiegelte Original der Eidesformel, das sicher ins Stadtarchiv
gelangte, ist anscheinend verloren.

²) Dies ergibt sich aus dem Datum der gleich zu erwähnenden
Urkunde; Vers 132 und die kleine Achener Chronik geben die kürzere
Frist von acht Tagen an.

³) Diese bezeichnenden Züge hat das Gedicht in Vers 217—224,
260—264.

⁴) Die Erklärung, welche im Eingange auch eine beachtenswerthe
Aufzählung enthält, was den Zünften zur Last gelegt wurde, ist abgedruckt in Anlage 4. Meyer gedenkt ihrer, S. 376, § 17 a. E.,
Haagen, Geschichte II, S. 37, gibt kurz den Inhalt.

der wieder eingesetzte Erbrath seinen Befreiern und Wohlthätern auf Grund der im Sommer zu Bonn gemachten Versprechungen entrichten musste. Nach zuverlässigen Angaben haben die Herren zehntausend Gulden erhalten¹). Allerdings liegen nicht directe urkundliche Zeugnisse über die Auszahlung vor, ohne Zweifel haben aber die grossen zu der gedachten Summe genau stimmenden Anleihen von 7700 und 2000 Gulden, welche die Stadt am 28. October 1429 bei Andreas von Merode und am 27. October 1430 bei dessen Wittwe Wilhelmine von Gronsfeld aufnahm, für die ausserdem grade die Herren von Heinsberg und von Virneburg theilweise die Bürgschaft übernahmen, zur Deckung jener Verbindlichkeiten gedient²). Die Herren erlangten auch noch andere Vortheile. Dem Heinsberger mögen wohl ältere Forderungen, welche der Stadt gegen ihn zustanden, erlassen worden sein³). Dem Grafen Ruprecht, der schon im Jahre 1422 bedeutende Summen von der Stadt erhalten hatte, wurde am 4. Januar 1430 auch noch eine Leibrente von sechzig Gulden bestellt⁴). In einem Schreiben vom 18. October übersandten Bürgermeister, Schöffen und Rath dem Herzoge von Jülich als Inhaber der Vogtei die Anzeige von der glücklichen Beseitigung der bisher bestandenen „Noth und Zwietracht". Mit besonderm Lobe wurde des treuen und thatkräftigen Beistandes der Herren von Heinsberg und von Virneburg gedacht und die Schreiber unterliessen es nicht, ihre Retter der Gnade des hohen Herrn angelegentlichst zu empfehlen⁵). Der deutsche König und die

---

¹) Alle Quellen ohne Ausnahme berichten von „Lohn und Sold" den die Herren erhielten; es ist der Sachlage durchaus entsprechend, wenn das Gedicht (Vers 45 ff.) die nach Bonn gesandten Patrizier von vorn herein solche Anerbietungen machen lässt. Die kleine Achener Chronik allein kennt die Summe, aus ihr hat sie vermuthlich Noppius entnommen; a Beeck spricht, wohl kaum absichtslos, gar nicht von einer den Dynasten gezahlten Entschädigung.

²) Die Urkunden stehen bei Quix, Schloss Rimburg, S. 199 ff, ihr Inhalt ist angegeben bei Haagen, II. S. 37 f.; — die Urkunde von 1430 ist am Tage vor Simon und Juda ausgestellt.

³) Unterm 13. Juli 1421 bekennt er z. B. fünfhundert Gulden von der Stadt Achen leihweise empfangen zu haben. Ungedr. Urk. im Stadtarchiv.

⁴) Vgl. Meyer, S. 374 § 12 a. E. und S. 376 § 17 a. E.

⁵) Vgl. das Schreiben in Anlage 5, die Ueberschrift in der „Ausführung" gibt den Inhalt nicht richtig wieder.

betheiligten Fürsten machten aber die Achener Vorgänge der letzten Jahre sofort zum Gegenstande von Verhandlungen und Untersuchungen; noch im December 1429 wurden der Stadtrath sowie die aus der Stadt entflohenen Bürger vor die Reichsversammlung zu Nürnberg geladen und der König richtete mehrere Schreiben an die Stadt [1]). Ob wirklich Verhandlungen zu Nürnberg stattgefunden und welchen Ausgang dieselben genommen haben, wissen wir nicht, aber schon im Anfang des Jahres 1430 gelangte die Angelegenheit zu einem formellen Abschlusse. Herzog Adolf von Jülich verzichtete nämlich durch Urkunde vom 11. Februar auf alle Ansprüche, welche er der Stadt gegenüber wegen des daselbst aufgerichtet gewesenen „neuen Regiments" machen könnte, wobei es sich wahrscheinlich, abgesehen von etwaigen sonstigen Beschädigungen der Vogtei-Beamten, um die während der Regierung der Zünfte nicht eingekommenen Gerichtsgefälle handelte, die ja theilweise dem Vogteiinhaber hätten zufallen müssen. Er versprach auch ausdrücklich, solche Personen, die wegen Handlungen und Vorgängen aus jener Zeit noch mit der Stadt in Unfrieden lebten, in seinen Landen, Städten und Schlössern nicht aufnehmen und dulden zu wollen [2]). Am selben Tage konnte er dann dem Könige berichten, dass, entsprechend den in Sigismunds Schreiben wiederholt gegebenen Weisungen, die alte Verfassung und das alte Recht wiederhergestellt seien, dass die Bürgerschaft nunmehr untereinander in Frieden lebe und der Aufrechterhaltung ihrer Privilegien und Freiheiten durch die königliche Gnade wiederum würdig sei [3]). Unterdessen war gegen die Leiter und Anhänger des Zunftregiments, welche sich durch die Flucht der Rache der Patrizier und der Bestrafung entzogen hatten, die Verbannung aus Stadt und

---

[1]) Unterm 24. December 1429 setzt König Sigismund den Herzog von Jülich von dieser Vorladung in Kenntniss, am 26. Januar 1430 bescheinigt Johann von Vorstheim, dass er Namens des Herzogs von Jülich einige Schreiben des Königs Sigismund an den Rath der Stadt Achen übergeben habe. Die Originale dieser beiden Urkunden befinden sich nach einer gütigen Mittheilung des Herrn Staatsarchivars Dr. Hegert im Provinzialarchiv zu Düsseldorf.

[2]) Die Urkunde ist in den Anlagen unter Nr. 6 mitgetheilt.

[3]) Siehe das Schreiben in Anlage 7.

Reich Achen ausgesprochen worden; Kaiser Sigismund bestätigte dieses Urtheil am 29. October 1433 und verbot ausdrücklich, die Verbannten ohne Genehmigung des Reichsoberhauptes wieder aufzunehmen [1]).

Die Zünfte hatten sich schwer gegen die eigne Stadt und gegen die eigne Sache vergangen, als sie durch rohe Gewalt die volle Herrschaft an sich rissen, statt sich mit dem nicht geringen Antheile zu begnügen, der ihnen durch Vertrag an Regierung und Verwaltung eingeräumt worden, als sie dann auch noch die in ihren Händen liegende Macht zur Schädigung der Privatrechte ihrer Mitbürger missbrauchten; aber das Mittel, das die Patrizier anwandten, um die alten Zustände wieder zurückzuführen, muss nicht minder verwerflich erscheinen. Nicht etwa die oberste Macht des Reiches oder deren Stellvertreter, den Herzog von Jülich, riefen sie an zu berechtigter Intervention; für gute Worte und gutes Geld wurden die kleinen Herren gedungen, die ihren Anschlag unter feiger und hinterlistiger Mitwirkung der Geschlechter bei Nacht und Nebel, wie Räuber und Mordbrenner, einer wehrlosen Menge gegenüber erbarmungslos ausführten, zur blutigen Gewaltthat frechen Hohn hinzufügend. Das Andenken an jene Octobertage des Jahres 1429 hat denn auch für lange Zeit die Herzen der Bürger mit Groll und Bitterkeit erfüllt; Hass und Verachtung sprechen aus dem im Volke entstandenen Liede [2]), wie aus den etwas späteren chronikalischen Aufzeichnungen und schon nach wenigen Jahren beginnen aufs neue die Angriffe der „Gemeinde" gegen die Alleinherrschaft der Patrizier, bis diese endlich den veränderten Zeiten und Verhältnissen, ihren mächtigsten Gegnern, unterliegt.

---

[1]) Das kaiserliche Schreiben ist abgedruckt als Anlage 8, den Inhalt desselben gibt Haagen, Geschichte II, S. 42; Meyer gedenkt seiner nicht.

[2]) Dafür zeugen, abgesehen von dem ganzen Ton des Gedichts und den gegen Kuno von dem Eichhorn gerichteten Wendungen, besonders die Schlussverse von 271 an, wo auch die Möglichkeit einer Verhinderung des Ueberfalls oder einer Rache für denselben, freilich in sehr unklarer Weise, erwogen wird. Bezeichnend für die Stimmung der Zeit dürfte es auch sein, dass der Verfasser des Liedes sich unter einem falschen Namen, Affenschmalz, versteckt.

Anlagen.

1.
Aus einer kleinen handschriftlichen Kölner Chronik.

In dem selven jair (1428) na sent Johans missen binnen echt dagen verdroigen sich de ambocht ind verbunden sich also, dat si in Aiche.... ¹), dat der rait moiste nemen van allen ambochten zwene man zo rade sitzen mit dem alden rade, usgenomen de vleischhouwer, de in wolden is neit zo schaffen hain ind erkanten ir overhouft. Ind do de gemeinde in dat beses quam, do lachten si vaste zinse af binnen Aichen. Doch in verwarden si sich neit wail. Si in sagen neit wail zo, dar na geink it in. Want der rait dachte alle dage dar na, so we si den gemeinen man weder us werpen mochten, als si daden.

Datum anno domini 1429 in dem Evenmainde do lachten de heren einen hof zo Bunne up de stat van Aiche. Zo Bunne quamen de heren mit namen her Johan van Loen, here van Heinsberch ind der greve van Virnenburch ind der vait van Collen. Da bi quam van Aiche her Koin van dem Eichhorn ind me sinre vrunt van Aiche, ind verbunden sich also, dat dese vurs. dri lantzheren binnen nachtz zo Aiche ²) in komen solden also stark, dat si de gemeinde twongen ind us dem rade worpen. Also geschach. Dar na santen dese vurs. lantzheren ere ritter mit gemache als pilgerom zo Aiche. Ind si worden intfangen, ind si burgen sich allet hin ind her in der burger huisser, de da die heren in der stat wairen, also dat dat gemeine neit zo houfe in mochte. Ind der rait machde allet mit gereitschaf ind kurten die ketten ind spienen si nairre, dat men si neit vur gelegen in mochte, do die heren des nachtz quamen. Des zweiden dages na sente Remeis mainde des morgens zo drin uren,

---

¹) Nach 'Aiche' ist etwas ausgefallen, vielleicht 'doden as in Collen'.

²) Das Original hat irrig 'Collen'.

do quamen de dri vurs. lantzheren stark ind wail gemoit
vur Aiche. Ind der alde rait warde irre ind leis si in riden,
ind slussen die porzen zo ind all ir porzen wail verwart.
Wer do up voir ind us leif ind wolde de ketten vur legen
ind wolde sich zo wer stellen ind in wiste van erem upsatze neit, de woirden in dem riden doit geslagen. Ind de
heren zogen up dat raithuis ind santen na den genen, de
si dœden woulden. Ind also balde als si quamen, sloich
men in de houft af vur dem raithuis ind vur den... ¹). Ouch
waren de ruter mit sulcher liste in de stat gelacht, dat de
gemeine neit bi ein in mochte komen. Do de schoelhemel
onthouft wairen, do santen de heren na der gemeinen, ind
allet, VI zo eime male, de moisten dem alden rade hulden
ind sweren, bistendich zo sin ind laissen den alden rait
sitzen gerest ind gerouwet, mechtich ind mögich na herkomen alder gewoinden. Do dit allet geschiet was, do
namen de vurs. lantzheren iren loin ind reden mit irme
volke vri ind ledich heim.

2.

Aus der Cronica van der hilligen stat van Cöllen.
(Gedruckt Köln 1499.)

Van einre veranderung des raits zo Aichen.

In dem selven jair *(anno domini 1428)* nae sent Johans
missen binnen 8 dagen, do verdroegen sich die ambochte
ind die gemeine binnen Aiche ind verbunden sich ind woulden doin als Cöllen gedain hatte, ind drungen iren rait,
dat he van iglichem ampt aldae moiste nemmen zwene man
zo rade zo sitzen mit den alden rade, uisgescheiden die
vleischheuwer, die enwoulden des niet zo schaffen haven ind
erkanten ir overheuft, ind waren gedechtich, dat in weder-
faren was, as vurs. steit anno 1278 ²). Do der nuwe rait
van der gemeinde in dat beses quam, do lachten si vast

---

¹) Hier fehlt etwas, vielleicht bloss 'heren'; die Handschrift hat
keine Lücke.
²) Gemeint ist der Tod des Grafen Wilhelm von Jülich 1278.
Das Original hat irrthümlich 1272.

zins af binnen Aichen, it was ein gecksmere ind was ghein wisheit. Si en verwarden sich niet wail ind en saegen niet wail zo: dairnae gink it in, want der alde rait dachte alle dage dairnae, so wie si den gemeinen man uiswerpen moichten, as si daden, as bald hernae geschreven steit.

Van eime anslach, durch den der nuwe rait van der gemeinden zo Aiche weder entsatzt wart.

In dem selven jair (*anno domini 1429*) hadden etzliche van dem alden rait zo Aichen sich besprochen mit ein deil lantzheren, dat si in behulplich sin woulden, dat der nuwe rait van der gemeinde weder afqueme, des soulden si richen zoult intfangen, ind darumb lachten die nae geschreven heren einen hof zo Bonne up, die stat van Aich zo straifen. Die heren, die dair quamen, waren mit namen her Johan van Loe, here zo Heinsberch, greve Ropert van Virnenberch ind vait Gumpert van Nuwenair, erfvait zo Cölne. Zo desen heren gen Bonne sante der alde rait van Aichen irre vrunde heimlich, ind ein van den hiesch mit namen her Coin van dem Eichoulz; van Aiche ritt er mit me sinre vrunde uis Aichen. Do claigden si den vurs. heren, so wie der edel rait van Aichen gedrungen were van irre gemeinde, dat si irre grois gelt wolden nemen ind komen bi sich zo Aichen ind hulpen in die gemeinde zwingen uis dem raede, dat si irre herlicheit nae moichten behalden, as si it vur hadden. Dae verbunden sie sich mit den lantzheren mit sulchem anslach, dat dese dri vurs. lantzheren bi nachtz zo Aichen inkomen sulden also stark, dat si die gemeine bezwungen ind uis dem rade wurpen. Die heren gingen dat ane. In dem evenmaende santen die vurs. lantzheren irre ritterschaf ind ruiter vur in zo Aichen as pilgerimme geeleit. Bi eime zeichen wurden si van den alden heren bekant ind wail entfangen ind heimlich verstochen ind verborgen allit hin ind her in der burger huiser, die heren van der stat waren; ind si wurden wail getroist mit allen sachen. Ein deil van den selven pilgerime soichten herberge, up dat men niet dairup en deichte, ind liessen all enzelen heimlich so vil inkomen, dat si der gemeinde

wail mechtig waren, ind deilten sich hierumb her ind darup dat die gemeinde niet wail so geringe¹) bi ein kunde
komen. Hie entuschen dat die vurs. pilgrime so in Aich
quamen ind.dae verhielten, kurzten die alden heren die
ketten ind speinden sie naerre ind slussen die ringe zo
houf, dat men si niet vurgelegen en kunde.

Item dairnae des 2. dages in sent Remeis maende quamen die vurs. dri heren mit groisser macht, riden zo zweien
uren nae middernacht vur Aichen wail gemoit, want si
goide botschaft vernommen hadden van den eirsten, die
vur 8 ind vur 4 dagen inkomen waren, as vurs. is, ind die
alden heren warden ir ind deden die porzen up. Do die
heren vur die stat quamen, so vonden si der porzen ein
offen, ind si reden vri sporslaichs vur ind up dat raithuis.
As die heren mit irme gezuige waren inkomen, so slussen
die alden heren die porzen weder zo, up dat niemant van
der gemeinde in enqueme, ind alle ander porzen waren
wail verwart. Do die gemeinde dat hoirt ind gewar wart,
dat so vremde geste in quamen riden, rusten si sich zer
were, mer alle die gene die uisleifen, umb die ketten vur
zolegen ind sich woulden zer were stellen, die wurden van
den ruteren jemerlichen ermort ind erslagen, want sie van
dem upsatz niet en wisten. Ouch waren die rutter mit sulcher list in die stat gelacht, dat die gemeinde niet bi ein
mocht komen. Asso wart die gemeinde verzaicht ind en
kunden niet bi ein, noch zer were vur die doirren komen.
Als dat nu geschach, traden die heren up dat raithuis ind
santen nae den genen, die si dœden wolden, ind so geringe
si dar quamen, sloich men in die heufder af vur dem raithuis up dem marte. Noch lagen die vurs.²) reuter mit list
gewapent, dat die gemeinde nirgen vur die doeren en dorste
kicken, bis die schelhemmel entheuft waren, do santen die
heren nae der gemeinden, allet 6 zo eime mail, bis zo dem
ende zo, ind igliche moisten hulden ind sweren dem alden
raede up sent Steffains bloit, getruwe, hoult ind bistendich

¹) Dr. 'gerlynge'.
²) Dr. 'vur'.

zo sin ind den alten rait laissen zo sitzen gerast ind geroit,
meichtich und mögich nae alder gewoenden ind herkommen.
Do dit allet geschiet was, namen die vurs. lantzheren irren loin ind zoult ind reden mit irrem volk vrede-
lichen ind vri zo lande, dar si woulden.

3.

*Formel des von der Achener Bürgerschaft dem wieder einge-
setzten Erbrathe geleisteten Fides. 1429, October 14.*

Alle desen dach ind van desen dage vort as lange, as
ir leeft, soilt ir holt, getruwe, gehoirsam, gevolgich ind
bistundich sin ind alzit bliven onsen heren den burgermeisteren zer zit, den scheffenen ind deme gemeinen raide van
Aiche ind iren geboiden, gesetzen ind ordinantien, ind en
soilt, mit worden noch mit werken, heimlich noch offenbaer,
mit egeinre kunne sachen, upsatze noch vergaderungen, wie
man die in eincher wis sprechen, vinden of werven moichte,
of wie die mit einchen verbonde, geloifden, sicherheiden of
eiden gevonden, gegeven, overdragen of geworven weren
of werden muchten, nummer me gedoin noch werven zo
doin in uch selven, noch mit raide, anbringen of hulpen
eincher personen, dat intgain der vurg. onser heren der
burgermeister, scheffenen ind raitz der stat van Aiche gebot, gesetze of ordinantien in hindernisse, schade of achter-
deil derselver onser heren ind der gemeinre burger komen
mach: ir en soilt in dat melden ind vortbringen as balde
ind as duck, as uch dat vurkoimpt, ind sullen alle andere
sicherheide, geloifde ind eide ind alle leuven, gesetze ind ver-
bunt der ambachten, die ir mit willen of bedwange uren
ambachte of einchen anderen ambachten gedaen of ange-
nomen hait, intgain der stede privilegien, vriheiden, reichten
ind alden herkomen geistlich ind werentlich, genzlich ave
gestalt ind van egeinre macht sin noch bliven intgain desen
intgeenwerdigen eit up ure ere, lif ind guit damede zo ver-
bueren binnen der stat of daer buissen in eincher heren landen
of gebieden, daer ir umber me gekriegen of ervolgt soilt werden; beheltlich alzit deme alredurluchtigsten fursten, onsme.
alregenedichsten heren, deme Römischen etc. koninge ind vort

onsen genedigen heren van Guilge ind van den Berge etc.,
van Guilge ind van Heinsberg etc. irre reichten, die si
van deme heilgen Römschen riche binnen der stat van Aiche
haven, ind bit ire homechtige genaden ind vort onsen genedigen heren van Virnenberg ind ire erven ind nacömlinge,
of't sache were, dat urre einche, der were ein of me, nu
of hernamoils wieder desen vurgen. uren eit in einger wis
bruchlich vonden wurde, dat si asdan onsen heren, deme
raide der stat van Aiche over uch gestendich sin, sulche
bruche urs eitz up ure ere, lif ind guit zo vervolgen. Vort
so en sal man egeine deser geschichte, wie sich die van
der vurg. onser genediger heren wegen ergangen ind alle
der ghienre, die darzo gehulpen of geraiden haint, hernamoils zo egeinre zit nummer me gewrechen noch daromb
einchen kroide of onwille an ieman zo keren; ind allit sunder argeliste.
Datum 14. die mensis Octobris, anno 1429.
(Gleichzeitige Abschrift im Achener Stadtarchiv Z. XVII. 5.)

4.

*Johann Herr von Heinsberg und Ruprecht Graf von Virne-
burg verzichten auf alle Ansprüche, die sie gegen die Stadt
Achen wegen ihres bewaffneten Einschreitens gegen die dor-
tige Zunftherrschaft erheben könnten. 1429, October 14.*

Wir Johan van Loin, herre zu Guilge, zu Heinsberg
ind zu Lewenberg, ind Roprecht, greve zu Virnenburg, doen
kunt allen luden mit diesen brieve, also etzlige der stat
burgere ind onderseessen des kuniglichen stoils van Aiche
sich binnen der selver stat annomen ind mannicherhande
punten ind upsetze aldae geweltlich vortgekeirt haint ind
die burgere ind onderseessen daselfs mit ambachten ind mit
viele unredeligen ind ongewoenligen stucken, schetzongen
ind hantierongen zu groisser eigenschaf braicht ind darup
verbuntenisse mit sicherheiden ind geloifden, brieven ind
segelen, as wir verstaen, gemacht haven, damede si die eir-
same onse lieve vrunde burgermeistere, scheffenen ind rait
derselver stat gedrongen ind zu kurt gesat haint intgeen
irre stede privilegien, vriheiden, reichten ind alde herkomen,
geistlich ind werentlich, darbi die selve stat ind burgere

zu groissen schaiden, last ind zweiongen komen is ind vort
zu ersien was, bi sulger zweidraicht zu moile vergenclich
ind vernielt zu werden, als wir ouch verstanden haven, dat
wir angesien ind die stadt ind burgere da inne versergt
haven, want si van des heiligen Roimschen richs wegen
van alders herus alwege eine keiser vristat is, die onsen
alderen ind vurseessen seligen gedaicht ind ouch ons mit
mannichfeldiger gunste ind diensten also bewant geweest
hait ind noch is, dat wir daromb der selver stat mit onsen
vrunden zugevallen ind aldae ingereiden sin, omb die burgermeistere, scheffenen ind rait ind ire burgere gemeinlich onder
einander bi iren privilegien, vriheiden, reichten ind alden
herkomen zu halden ind zu bliven laissen, so bekennen wir
beide herren vurs., dat wir alle der geinre heuftlude sint,
die mit ons zu dieser zit in der stat zu Aiche komen sint,
ind wilgerley zeronge, schaiden of verlust wir of die onse
vurg. zu diesen ziden binnen der selver stat of op deme
riede, wir dar in ind wieder heim komen sin, gedaen of
geleden hetten, wie dat zukomen were, id were an gevange-
nen, gewonden aider doiden, of wie sich die erganegen
hetten, niet usgescheiden, des en sullen die vurgen. stat
noch die ire egeinen schaiden noch ansproiche haven noch
liden, ind wir beide herren vurg. ind onse erven sullen ouch
ind geloven die vurg. stat, of si daromb van iemant be-
dedingt wurden, dat afdoen ind si des genzlich schaidelos
zu halden, vort me en sullen wir herren beide vurs. noch
onse erven die stat ind burgere van Aiche hernamoils num-
merme bededingen omb alsulge eide, as ire burgere ind
onderseesen gedaen, die wir zu irre beden besegelt haint,
id en were dan sache, dat ons die stat daromme verseuchen
ind vervolgen wurde, ind allit sunder argeliste. Dit zu ken-
nisse ind gezuge der woirheit, so hain wir herren van
Guilge, van Heinsberg ind greve van Virnenburgh vurs. vur
ons ind onse erven mallich sin segel mit onser reichter
wissenheit an diesen brief doen hangen. Gegeven in den
jairen ons herren duisent vierhundert ind nuin ind zwenzich
jaire, des 14den dags Octobers.

(Original im Achener Stadtarchiv A. VIII. 5., zwei Siegel in
grünem Wachs an Pergamentstreifen.)

5.

Bürgermeister, Schöffen und Rath der Stadt Achen berichten dem Herzoge von Jülich über die Unterdrückung der Herrschaft der Zünfte durch das Einschreiten der Herren von Heinsberg und von Virneburg und empfehlen diese seinem Wohlwollen und seiner Gnade. 1429, October 18.

 Unsen willigen oitmodigen dienst und wat wir lifs ind guits alzit vermögen. Gnedige lieve here! Alz ure hoicheit wael vurkomen ist, wie wir mit etzligen unsen burgeren ind underseessen binnen unser stat in zweidracht gestanden haven umb vil puncten ind upsetze wille, de si vurgekeirt ind unse burger ind underseessen mit vil unreidlichen ungewoentligen sachen zo krode, last ind schaden bracht haven, ind zo erschen ind zo besorgen was, bi sulcher zweiongen zo vierrer verderflicheit zukomen ind zomail verniert zo werden, also dat umb solcher noit ind zweidracht wille de hochgeboren edele, unse gnedige lieve heren van Guilge ind van Heinsberg ind van Lewenberg ind van Virnenburg mit iren vrunden uns stat zokomen sint ind uns alsulgen bistant gedain haven, dat wir getruwen, vortan mit unsern burgeren ind underseessen bi guder hantirongen eindrechtlich samen zo stain ind zo bliven. Ind hant sich deselve unse gnedige heren darzo as nu an uns, unse stat ind burger also treweligen ind gelouftigen bewist, dat wir iren genaden umber me danken ind bidden uer furstlige hoicheit, beide de vurschr. gnedige heren, unse stat ind burger darumb andechtig vur augen zo haven, want irre truwe ind bistantz umb sulge vurschr. gebreche unser stede kenlige noit geweist is. Der almechtige Got moissen ure furstlige hoicheit umber me bewaren etc.

 Datum ipso die beati Lucae evangelistae, anno 1429.

 Burgermeister, scheffen ind rait des koninkligen stoilz der stat van Aichen.

 Dem durchluchtigen hogeboren fursten ind homechtigen heren harzougen zo Guilge ind zo dem Berge etc. ind greven zo Ravensberg, onsen gnedigen lieven heren.

6.

Herzog Adolf von Jülich verzichtet auf alle ihm wegen des zu Achen aufgerichteten „neuen Regiments" zustehenden Ansprüche. 1430, Februar 11.

Wir Adoulph van goits genaden herzouge zo Guilge, zo dem Berge etc. und greve zo Ravensberge doin alremallich kont mit desem brieve und bekennen, dat wir angesichen haven schrift und brieve unss alreliefsten ind genedichsten heren des Romischen etc. kunigs, die sine genaden der stat van Aiche gesant haven umb der handelungen willen des nuwen regimentz, de etzlige der stat burgere und ingesessen van Aiche annomen haint gehat, und ouch andere underwisonge, de uns darumb vurkomen is, umb die geschichte, die sich aldae erloufen und ergangen hant, so dat wir vur uns und vur unse erven und nakömelinge mit den burgermeisteren, scheffenen, raide und burgeren gemeinlichen der selver stat van Aiche guitlich overdragen, dat wir alre anspraichen und vorderungen, die wir zo in of iren burgeren, underseessen of ingesessenen umb der geschichte of einger ander sachen wille, wie die dae inne vur und nae bis up dach datum dis briefs ergangen und geschiet sint, gehat haven of haven muchten, guitlich gelichen und gescheiden und daruf luterlich und zomail verziende sint und verzien mit desem brieve, also ouch, dat wir unse erven und nakömelinge noch egeine unse amptlude, stede, lande und lude niemand, de mit der stat und burgeren van Aiche um der handelungen wille des nuwen regimentz of van der geschichte wegen, de sich daromb in cinger wis ergangen hant, ied ghaentz of zo schaffen meinden zo haven sich under uns in einghen unsen slossen, landen, steden of ampten niet en soilen noch en willen laissen unthalden noch behelpen de mit der vurs. stat und burgeren darumb reichtz und bescheitz niet plegen noch gevulgich sin en weulden, up den enden und steden also wir der stat van Aiche dat vur ziden verschreven und versiegelt haven in den brieven, darop si van uns haven, dabi wir der vurs. stat bistendich und behulplich sin sullen, ire privilegien und vriheiden zo behalden und si der guitlich zo gebruichen laissen, beheltnisse uns, unser erven und naköinlingen alzit unser herlicheit und reichten, die wir binnen der stat haven, sunder argelist.

Dis zo urkunde der wairheit ind ganzer stedicheit so hain wir unse segel mit unsen wissen an desen brief doin hangen; gegeven in den jaeren uns heren, doi man schreif 1430 up den neisten satersdach nac sent Agathen dage der heiliger junfrauwen.

(Gleichzeitige Abschrift auf Papier im Achener Stadtarchiv Z. XVII. 12. Auf der Rückseite von derselben Hand: Berghe.)

7.

Herzog Adolf von Jülich berichtet König Sigismund, dass das gegen den Achener Erbrath von einigen Bürgern errichtete „Regiment" beseitigt und die alte Ordnung in der Stadt wieder hergestellt sei. 1430, Februar 11.

Minen underwilligen schuldigen dienst etc. Alre liefste ind genedichste here! Als ich uren homechtigen genaden umb urre stat ind burgere wille urs kunigligen stoils van Aiche geschreven ind verkündiget hain etzlige handelunge ind geschichte, de sich aldae erloufen ind ergangen haint, so haint die burgermeistere, scheffenen, rait ind gemeine burgere derselver stat mir vürbracht schrift ind brieve, die ure kuniglige hoicheit in vurmoils gesant hait umb der handelungen des regimentz wille, dat etzlige ure burgere intgeen den alden rait alda annomen hatten, da inne ure kuniglige genaden in bevolen haven soilghe nuwe raitzlude ind unbehoirlige gesetze afzudoen, des ich urre hoicheit hie bi afschrift senden etc., dat ich angesien han, ind ouch andere onderwisunge derre handelungen, ind bin darumb mit der selver urre stat ind burgere zo alsoilger guitlicheit komen, dat ich ire gerne bistendich ind geredich sin solde, dat die burgerschaf onder einander aldae in eindrechticheit ind vreden bliven mochten ind bidden ure kuniglige homechtige genaden die selve ure stat ind burgere ouch genedenklichen zo versien, dat si bi iren privilegien ind vriheiden behalden ind van nieman da ane geirret noch vorder gedrongen en werden, dan si vur jaeren bisher alwege geweest sint. Ind wes ure kunigliche homechticheit dan van

mir in einghen sachen begerende were, alre liefste ind
genedigste here, da bin ich oitmoedenklichen zo bereit in
alle mime vermogen.

[Geschreven up den saterstach na sent Agethen dage,
anno 1430.] [1])

[Adulph herzouch etc.]

(Gleichzeitige Abschrift auf Papier im Achener Stadtarchiv
Z. XVII. 6. Auf der Rückseite von derselben Hand: 'ex parte domini
montensis ad regem'. Ein vielfach durchcorrigirtes, nur unbedeutend
abweichendes Concept desselben Briefes liegt bei Z. XVII. 7.)

8.

*Kaiser Sigismund befiehlt den Achenern, diejenigen nur mit
kaiserlicher Genehmigung wieder aufzunehmen, welche bei
den vor einigen Jahren entstandenen, nunmehr gänzlich beendigten Unruhen aus der Stadt und deren Reich entwichen
sind und dann ausdrücklich verbannt wurden.*
Basel 1433, October 29.

Wir Sigmund von Gotes gnaden Romischer keiser,
zu allen ziten merer des reichs, und zu Hungern, zu Beheim etc. kunig, embieten den eirsamen burgermeistern,
schepfen, rate und burgern gemeinlichen unsers kuniglichen
stoils der stat zu Aiche, unsern und des reichs lieben getruen, unser gnade und alles gut. Eirsamen lieben getruwen! als nu nechst in vergangenen jaeren etliche newekeit, zweitracht, unwillen und geschicht zwischen euch in
der stat zu Aiche uferweckt, gemacht und uferstanden
waren, dorus dem reiche, euch und der stat Aiche grosse
schaiden mochten komen sin, weren die mit vorsichtikeit
nit furkomen wurden, als wir vernomen haben, solche nu
zu gute gestellet sin, das uns wol gefellet, also haben wir
verstanden, wie das etwevil lute, die sich meiste in den
sachen schuldich kanten, us der stat gewichen und ge-

---

[1]) Datum und Unterschrift sind aus der andere Eingangs- und
Schlussformeln aufweisenden Denkschrift (Mannheim 1793) ergänzt.
Während des Druckes gelang es von Nr. 3, 6, 7 der Anlagen alte
gleichzeitige Abschriften im Achener Stadtarchive aufzufinden, die
sofort an Stelle des Mannheimer Druckes zu Grunde gelegt wurden.

fluhen sind, und das ir soilchen luten die stat und das riche verboiten und sie dorus verwist habt, also ist davon unsere meinung, uf das von sölchen sachen hinfur keine newekeit und zweitracht wieder van nuwes uferwecket werdent, das soliche lute, die also us der stat uf die berurten ziet gefluhen und gewichen und dorus verweist sein und ouch noch dorus sind, das dieselben ouch hinfür us derselben stat und iren gebiete bliben soilen. Daromb bevelen und gebeiten wir euch von keiserlichen macht ernstlich und vesticlich mit diesem brief bei unsern und des reichs hulden und bei einer peen funfzig mark lotigs goldes, das ir der vorberurten lute, die also us der stat in dem vorgenanten geschicht vor der stat Achen komen, gewichen und noch dorus sind, keiner mer in die stat noch in deme riche, in ewern gebieten zo Ache komen noch wonen lasset in dhein weis on unsern ader onser nachkomen willen, urloub und wissen.

Geben zu Basel, versigelt mit unsern keiserlichen ufgedruckten insigel, nach Crists geburt 1400 jair und dornach in 33. jare, am neohsten donerstage nach Simonis und Jude tag unserer reiche, des Hungerischen etc. im 47., des Romischen im 24., des Bemischen in 13. und des keisertumbs in ersten jare.

    Ad mandatum domini imperatoris
    Caspar Sligk cancellarius.

Nach gleichzeitiger Abschrift auf Papier im Stadtarchiv A. I. 131.)

II.

Spottgedicht auf die 1513 in der Verwaltung aufgedeckten Unterschleife.

Die einzige Handschrift, in welcher das nachstehende, hier zum ersten Male veröffentlichte Gedicht erhalten, ist eine Papierhandschrift der k. Bibliothek zu Berlin (Ms. Boruss. Quarto, Nr. 260), welche im wesentlichen vor dem Jahre 1545 geschrieben sein muss. Auf eine die ersten 23 Seiten und einen Theil von Seite 24 füllende kleine Achener Chronik [1]) folgt, mit der letzten Hälfte von Seite 24 beginnend, das von derselben Hand geschriebene Gedicht. Es umfasst 290 Verse und reicht bis Seite 34, deren untere Hälfte leer geblieben ist. Dieselbe Hand hat noch einige andere Stücke hinzugefügt [2]). Da darauf von anderer und offenbar späterer Hand Aufzeichnungen folgen über Getreidepreise aus den Jahren 1545—1586, so sind Chronik und Gedicht jedenfalls nach dem Jahre 1513 und wahrscheinlich vor 1545 niedergeschrieben worden.

Die Zahlen zur Rechten des Abdruckes bezeichnen das Ende der in der Handschrift unten paginirten Seiten.

---

[1]) Herausgegeben von Loersch, Annalen des historischen Vereins für den Niederrhein, Heft 17, S. 1 ff.
[2]) Ueber den sonstigen Inhalt der Handschrift vgl. Loersch a. a. O. S. 20 ff.

Anno 1513 auf gros vastelacbents tagh.
Pasquillus.

Dieses Gedicht, obgleich nur in einer Hs. erhalten, ist besser überliefert als das vorhergehende. Der Schreiber hat sich, wie es scheint, treuer an seiner Vorlage gehalten, nur einigemal hat er Reimzeilen und einmal ein Wort ausgelassen. Die metrischen Ungeheuerlichkeiten sind daher in dieser ersten Ausgabe unangetastet geblieben, weil man fürchten musste, Fehler der Reimerei nicht der Ueberlieferung zu bessern. Die Wortschreibung dagegen wurde auch hier geregelt, mit sorgsamer Schonung irgendwie berechtigter Eigenthümlichkeiten. Statt y wurde i geschrieben, in syn (= *Sinn*), zweyen, enzwey, Mey, Meyer, rey, Hieyman, pappegey, Weydenheufft, sey, acceysz, zeysz, dahrbey, drey, weyn. *Doppelte Consonanz wurde vereinfacht in folgenden Fällen, die ich mit bestimmter Absicht genau verzeichne:* off, üiff, uff, auff, auffa, — stacff, brieff, gieff, bleiff, helff, Wolff, Bertholff, — schafft, verkaufft, Weydenheufft, unbedrufft, helffen, elffen, scharpffer, schlaeffen, greiffen, peiffen, lieffen, theuffel — banck, franck, ganck, vinck, Zinck, drunck, marck, starck, sterck, merck, werck, dancken, duncken, joncker, mircken — gaffell, thall, kluppell, vill, will, soll, woll, waill, maell, thaill, Daniell, hiell, deill, peill, wollt — datt, watt, statt, mitt, gebott, spaedt, klaetdt, gutt, guett, rhoitt, queitt, gewermbtt, drumbtt, altt, baldt, gestaltt, mennigfaltt, geltt, Binszfeltt, wiltt, soltt, wolltt, schultt, gearmtt, bantt, bekantt, genantt, hantt, santt, wantt, behendt, endt, hendtgen, findt, intt, schwindt, begontt, wöntt, kuntt, mundt, pundt, bartt, kartt, mardt, quartt, wartt, gelehrtt, verkiertt, fortt, gekortt, hoertt, hurtt, haltten, soltten, solttu, klantten, meintten, kuntten, pforttèn, zeitten, beuttel. *Für* sz, *welches im Auslaute für* s *durchgehends steht, wurde blosses* s, *für* tz *im Anlaute* z *gesetzt. In all diesen Doppelungen darf man keine blosse Schreiberlaune sehen wollen; der Grund derselben ist nur in der verschärften Aussprache der Consonanten zu suchen, die sich im Auslaute, besonders nach* l m n r, *sowie vor* t *einstellte. Vgl. Al. Reifferscheid in der Zeitschrift für deutsche Philologie V, 3. 273.*

Bemerkenswerth ist das häufige Auftreten des unorganischen h, *welches mit Unrecht als Dehnungszeichen angesehen wird. Es wurde sorgfältig beibehalten. Manchmal scheint es freilich nicht 'der erlengerung wegen', sondern nur 'zierdhalb' und 'mehr wolstehens denn* nothalben' gesetzt zu sein, wie der schlesische Magister Fabian Frangk in seiner 'Orthographia deutsch'. Wittenberg 1531, sagt. Bei eingehender Untersuchung findet sich, dass man genau unterscheiden muss. Das nur auslautend vorkommende gh hat nicht überall denselben Lautwerth, es entspricht bald hd. g, bald hd. h oder ch, so reimt gh auf ch v. 41 fg., 83 fg. Dieses gh. kann man als die Aspirate der Gutturalmedia bezeichnen. In langh (: banck), giengh hat gh eine andere Geltung, g wird wie die Tenuis ausgesprochen, h hat dieselbe Function, wie wenn es im Auslaute nach t steht. Vielleicht ist h ebenso zu erklären, wenn es nach r t n im Anlaute gesetzt wird. Nach diesen Consonanten macht sich beim Aussprechen ein gewisser Nachschlag geltend, ein Hauch, den man nicht unpassend durch h auszudrücken versuchte. Man hat ihn auch als e (oder i) aufgefasst: F. Frangk führt als unrichtige schlesische Aussprache und Schreibung 'teauben' u. a. auf. Wie hier h mundartlichem e, i entspricht, so hat es geradezu die Functionen des ältern e und i übernommen, wenn es sich vor r n m zeigt; dies ältere e, i wird in unserm Denkmale vorzugsweise vor ch, l, b, f, ſ, t gebraucht, vor einem 'lang überreichend buchstab' kann nämlich nach den orthographischen Ansichten jener Zeit das 'erlengernde' h nicht stehen. Das e zeigt sich aber auch noch, nach älterer Weise, vor r, geschoeren, vor n, gewŏen u. a.; eigenthümlich ist gekoehren v. 14, hier erscheint älteres und jüngeres neben einander. Auslautendes h nach langem Vocale entspricht ebenfalls früherm e. Der Nachschlag nach langen Vocalen wird zwar besonders hörbar vor bestimmten Consonanten, aber auch im Auslaute ist er ohne Zweifel anzunehmen. Ueber das nachschlagende e und i vgl. die Bemerkungen Al. Reifferscheids a. o. a. O. 273 fg.

Nicht überflüssig schien es, die Beispiele des Vorkommens dieses h geordnet aufzuführen: tagh, pflegh, allwegh, hinwegh, wienigh, Hunnigh, haestigh, plaegh, augh, frugh, dogh, logh, malligh, besigh, besaegh, geschaegh, schuegh — langh, dingh, fiengh, giengh — staeth, weinleuth, noth, noith, orth, rhaeth — rhuet, rhoitt — thet, thede, gethaen, thuirn, thall, thaill, thoith, theil, theuffell — nhun, nhu — dahr, dahrbei, dahrbeneven, dahrmit, dahrum, dahrvon, wahr, furwahr, dehr, ehr, wehr, ehrnehren, ehr, mehr, gelehrt, sehr, wehrlich, wehr, wiehr, ihr, vohr, jahren, wahren, ehren, wehren, ehrnehren, kiehren, ihre, ihrem, ihren, ihrer, gekoehren — ihm, ihm (= in dem), dehm, dehme, jehmals, jehmerlich, nehmen, vernohmen, genohmen — gahn, stahn, zwehn, ihn (= in), Bohn, wohnt, — dah, jah doh, noh.

Nhun walts Gott und der lieber Sent Quintin,
es is verkiert was pflegh zu sein,
so als man spricht von die herren van Cöllen,
sei en wehren mit gelt nit zu vöIlen,
5 und wahren also schwint in ihrem hoffart,
das innen geschoeren wart der bart,
das sei nicht mehr en mochten scheren,
mennicher wolt sich mit der gemeine gelt ehrnehren. [24]
Furwahr dahr en kumpt gein guet aus.
10 Zu Aichen was zu sehr beschwert das haus,
das es den last nit en kunt gedragen;
dahrvon was auf das mael vil zu sagen,
wie das kumpt in so kurze johren.
Newe man hait man ein mael gekochren,
15 die sollen der stat acceis uf heven;
aber die wurden sehr kurz verdreven.
Sei wolten sich des nehmen aen,
des mogen sich ein deil wol klaen,
want sei worden auch sehr verfiert,
20 dah es zu Cöllen also was verkiert.
Dah sei vernohmen alsolche gestalt:
aich! ihre gedanken wahren mennigfalt,
want sei wisten wol, wie sei es hetten gemacht:
sei hatten menniche nus mit zweien kernen gekracht.
25 Doch troisten sei sich auf das werk,
das die ketten sol sein also sterk,
das sei nimmermehr mogt springen en zwei.
Sei meinten, es sol allwegh sein in den Mei:

[1] *Da S. Quintin kein in Achen besonders verehrter Heiliger ist, der Dichter ihn aber als den lieben S. Quintin anruft, so ist man wol zu der Vermuthung berechtigt, Quintin sei sein Patron gewesen, d. h. der Dichter habe mit Vornamen Quintin geheissen* [13] jahren *Hs*
[15] uf heven *erheben* [19] verfiert = *verværet, in Schrecken gesetzt*
[20] *Ueber die Ereignisse in Köln vgl. den Anhang* [21] *fgg. Die Bürger durften nur 'den win lopen laten up zise', sie durften ihn erst auszapfen, wenn sie die Steuer (acceis, zeis) davon bezahlt hatten. Der Dichter klagt, die Herren glaubten, es sei immer im Mai, wo die Weinaccise verkauft wurde (vgl.* Laurent, A. Stadtrechnungen *s. 77), und alle Tage schlüge diese Accise auf* (aufknappen)

die burger en musten keinen wein zappen,
30 alle tagh giengh die zeis aufknappen.
Sei wolden die burger wol heimblich schetzen,
als man das gelt auf und aif solt setzen;
und wart den burgeren sehr verdriessen,
man lies innen auch des geniessen.
35· Doh man den brief hatt zu der hant,   [25]
eine gaffel zur anderer sant,
wie sei sich wolden halten hierin.
Gott sant inen in ihren sin,
das sei auf den brief zun heiligen solten schweren:
40 „So en mogt uns der alt rhaet nit deren!"
Auf gros vastelacbents tagh dis geschaegh,
die burger man auf das haus gahn saich,
die schlusselen von den pforten wolten sei haben zu
                ihren henden,
sei dachten ein deil: „Der teufel wil uns schenden;
45 furwahr hier en kumpt kein gut aus".
Des montags gebot man sei widder aufs haus,
umb zu machen rechenschaf,
aber doch lies man sei wider af;
mehr, so ich hab vernohmen,
50 sei muesten des dinstags wedder kommen,
und solten maichen dahrvon ein end.
Maer Werner Schreiber wahr sehr behend,
der thet ein.... von elfen aen.
Da hort man den burgeren sehr klan,
55 das sei innen nit hadden in den strick:
nie schuegh en hetten ihm besser gemick.

[35] *Den Gaffelbrief vom Jahre 1450*   [40] *derren Hs. Das Verbum
deren war schon im 15. Jh. nicht mehr ganz geläufig; in der Münsterschen Hs. des 'spieghels der leyen', geschrieben von Gherard Buck van Buederick im Jahre 1444, hat eine nicht viel spätere Hand deren regelmässig durch schaden glossiert*   [41] *fg. rechenschafft: ab Hs*
[52] *d. h. er machte sich aus dem Staube*   [53] *Nach ein ist schuegh vgl. v. 56, oder etwas ähnliches ausgefallen   von elfen die Elfen waren ihm bei seiner Flucht behülflich*   [55] *dass sie für sich nichts in der Schlinge hatten, dass sie nichts gefangen*   [56] *gemickt Hs micken passen fehlt bei Lexer mhd. Hwb., hiermit hängt auch das von Lexer a. a. O. I 846 unerklärt gebliebene* gemicke *Karlm. 331. 34 zusammen*

Hiemit wil ich von Werner laessen
und sprech, wie man gebot achter stracssen,
das jeder ein gaffel solte kiesen,
60 umb das leben zu verliesen.
Zu Aich erhoeb sich ein so wilt gestalt,
von den burgeren was der rhaet mennigfalt.
Die rechenschaft was sicher langh,
ihrer en deil muesten schlaefen uf der bank,
65 die des nit wol en wahren gewaen:
das hait ihr quaet regiment gethaen. [26]
Ihrer ein saich den anderen vast aen:
„Hait uns der theufel hier gedran?
Wir satzen auf zwei buschen, die bringen daran,
70 . . . ."
Das ist die deugt, dahr der burger van weis!
Man spricht: „Mit anderen leiden sei die geis".
Aber das wil ich nun all geschweigen.
Mehr dan drei wochen muesten sei dahr leigen,
75 das sei die rechenschaft nit kunten finden.
Johan Schütz dacht: „O wehe der ellenden!"
Dahrmit der meier begont aen zu greifen.

⁵⁹ *Nach den Bestimmungen des Gaffelbriefes vom Jahre 1450 musste jeder Bürger und Untersasse bei einer der elf Gaffeln vereidet sein. Diese Bestimmungen sollten jetzt wieder in Kraft treten, vgl. oben v. 35 fgg.* ⁶⁰ *verliesen nicht = verlieren, sondern = verlüsen, verlosen* ⁶² *mennigfalt zahlreich* ⁶⁹ *satzen kann nur das praet. von setzen sein busche die kleinste Achener Kupfermünze, deren sechs eine Mark ausmachten, daher die sprüchwörtliche Redensart 'hei wat e Glöck, ses Mädgher för en Merk, hei wat e Glöck, dat es en Busch et Stöck', vgl.* Müller u. Weitz, *Achener Idiot. s. 28 und Art. 10 der 'Kohlordnung' bei* Loersch *'Die Rechtsverhältnisse des Kohlenbergbaus im Reich Achen während des 14. und 17. Jahrh.' in der Zeitschr. für Bergrecht XIII. 4. 524: 'einen hunt sanftes geriss für vier bauschen oder acht schilling'. Bei* Lexer *fehlt das Wort. 'Der Sinn dieses Verses ist nicht ganz klar, besonders da nach ihm eine Reimzeile ausgefallen. Es scheint, dass die Rathsmitglieder von einer Steuererhöhung sprechen, vermittelst der sie das Deficit decken wollten. Dazu würden v. 71 fg. stimmen: das ist die Art der Herren, die immer andere ausbeuten wollen* ⁷¹ *Ueber die Stellung des Meiers in Achen vgl.* Loersch, *A. R.-D. 239* *angreifen antasten, d. h. verhaften, oder ist es = peinlich befragen?*

Meister Peter must den rei aus peifen,
want ehr kam auch dahrhei.
80 Buckingh der burgermeister, was ihrer drei,
der quam dah heraen.
Nochtans mussen wir ihrer noch mehr haen,
solten wir bezalen das gebraich.
Johan Hieiman gedacht: „Das is ein grosse placgh,
85 soltu nhu kommen aen den danz".
Vorwahr sei en hatten nit verschen die schanz,
hetten innen die stein in den henden gebliēven,
sei hetten die burger all zu mael verdrieven,
want sei liefen, hun sehr gleich,
90 das sei wurden in kurzen jahren sehr reich.
Das wil ich nhun laessen stahn.
In die pappegey wil ich nit gahn,
want der ist deck gewest aus der stat,
darumb mein ich, das ehr es kein schult hait;
95 doch mus ehr thuen umb der stat iehren
und alle dingh zum besten helfen kiehren.
Want die kumpgenger hadden eins gesungen,
wie das ihrer zwei in ein logh gesprungen: [27]
der ein hiesch Frans von Binsfelt,
100 drei oder 4000 gulden wiehr auch gelt;
der ander Hunnigh Weidenheuft:
„Lieber gesell, laes mich unbedreuft!"
Ich wil mich van dan maichen,
bei Paulus Bohn wil ich geraichen.
105 Aich! ehr hait ein hentgen, dat is krumb,

76 er musste die angestimmte Melodie zu Ende pfeifen, d. h. er hatte dasselbe Schicksal, vgl. v. 285 **86** *schanz chance* **87** *die stein die Figuren im Schachspiele; hier in übertragenem Sinne: hätten sie freie Hand behalten* **93** *der nämlich der in dem Hause zur Pappagei wohnte* **97** *kumpgenger der Walker, fehlt bei Lexer, ebenso die andern hierhin gehörigen Ausdrücke: kump, der Behälter, in dem die Tücher gewalkt werden, kumphus, das Walkhaus, kumpmeister, kummeister, der Walkmeister, obwol der letztern in Laurents Stadtrechnungen vorkommen* **97** *fg. Die in diesen Versen liegende Anspielung können wir nicht mehr verstehen* **98** *wie zwei dasselbe Missgeschick hatten* **104** *bei mit dem acc. so unten 118, vgl. ausserdem v. 200 an geraichen erreichen, hingehen*

nochtans drinkt ehr gern einen lustigen drunk,
sein augh was ein wienigh leff,
nochtans schues ehr zu mitzen in't rheff
mit seinen peil also stark,
110 dat sal ihm wal coesten 1000 mark;
dahrmit sal ehr wal aefstaen.
. . . .
. . . .
. . . .
115 . . . .
sal ehr kommen aus Schepporz thuirn.
Ich wil mich nun von hinnen geven
bei Herper, dehr wohnt dahrbeneven.
Der hait sicher einen groissen munt,
120 das sal ihm costen der gulden wol ein punt:
ich mein, das ehr es auch genossen hait.
Claus von Limburgh bleif aus der stat:
dehme dogt, ehr wehr auch in ein grosse statorden
dan ehr ein litt aen der ketten was worden;
125 nochtans, dunkt mich in meinen sin:
sal ehr kommen der stat in,
ehr mues geben eine grosse quart.
Sei trecken malligh mit dehm bart

[107] lef, lat. lippus, triefend, blöde. Lexer mhd. Hwb. I. 1855 führt nur 'gitic lef' (von schatze uns seit ein gitic lef Kolm. 22. 6) an, das er 'geizhals' übersetzt, er lässt aber lef unerklärt [108] in't ref in die Kiepe, hier in übertragenem Sinne: er griff mitten in die Kasse Nach v. 111 muss man eine grössere Lücke annehmen. Mit v. 111 verliess der Dichter den Paulus Bohn und sprach darauf, wie v. 116 zeigt, von einem Rathsmitgliede, das im Thurme an der Scharpporze gefangen gehalten wurde; er gab auch die Bedingungen an, unter denen der Betreffende aus dem Gefängnisse entlassen werden sollte. Vielleicht gingen die fehlenden Verse auf den Bürgermeister Peter von Inden, der, wie wir wissen, gefänglich eingezogen worden und nur gegen Bürgschaft der Haft entlassen wurde. Er hatte jedenfalls eine Hauptrolle gespielt und seine Verhaftung musste grosses Aufsehen erregt haben. Es ist kaum glaublich, dass der Pasquillant, der sonst kein Blatt vor den Mund nimmt, den Bürgermeister verschont haben sollte; dagegen mochten in spätern Abschriften des Spottgedichtes diese Verse mit Rücksicht auf den Bürgermeister oder seine Familie ausgelassen worden sein.

und hoeren dahr baussen fleuten ein vink.
130 Darumb willen wir gahn bei Gerlach Zink,
dehm dogt, ehr wier eine groesse staeth,
das ehr geschwoeren dehm alten rhaeth; [28]
mehr dis hait sich wehrlich verkiert:
Claus Herper, du haist wol geliehrt,
135 aber ehr ist zeitlich gefallen von der hoert,
sal ehr 1000 gulden langen fort,
ehr spricht, ehr en solt nit vil behawen,
des sagt ehr: „Guete nacht unser liffrawen!"
und ist zu Munster in den thail gezogen.
140 Nochtans sullen sei sich finden bedroegen,
want der kluppel is gefallen aus der klock.
Nhun wil ich gahn bei Frank Block,
dehr wahr fürwahr auch swint genoch,
das sal ihm costen wael ein schoen doech.
145 Wiewol en hait ehr zu Munster kein gemaich,
so kommen wir dogh auf die Pletzerbaich.
Wilhelm Nütten is ehr dogh genant,
der en is nit blieven halten auf den sant,
want ehr rurt auch furwahr aen lant,
150 die bier accis was ihm wael bekant,
. . . .
dat ehr seiner grafschaft ein deil is queit,
sol ehr kommen aus der noth.
Huprecht Freis, der ist thoith;
155 ach! hett ehr diesen tagh mögen leben,
ehr hett ein grosse quart muessen geben;
maer Gott erbarms! ehr ist hinwegh.

[134] *fgg. Gerlach Zink hatte an Claus Herper einen guten Lehrer gehabt, wie man sich auf Kosten der Bürger bereichere, er war aber nicht lange genug im Rathe gewesen, um sich Reichthümer zu erwerben. Wenn er die ihm zuerkannte Geldstrafe bezahlen wollte, würde er nichts mehr behalten (behawen), deshalb floh er aus der Stadt* [139] *nach Cornelimünster* [144] *tuech Hs* [148] *fg. Er ist nicht auf einer Sandbank aufgefahren, sondern erreichte das Land d. h. er ist glücklich entkommen. Nach v. 150 ist eine Reimzeile ausgefallen* [152] *Achen war in neun Grafschaften eingetheilt, vgl.* Loersch, A. R.-D. *56 fg., 185 fg., nach den Grafschaften erhoben die Pächter die Accise. W. Nütten verlor dies Recht in seiner Grafschaft, weil er als Emp-*

In Adam Nüttens haus ich mich stech,
dahr en fint ich niemant ihn;
160 nochtans dogt mich in meinen sin,
ehr mus gulden geben, die seint rhoit.
Die stat Aichen is kommen in grosse noith, [29]
und dis is kommen in kurzen johren.
Aich, Johan Bertholf, wie haestu geschoeren!
165 Es en was dir zu frugh noch zu spact,
wat du kunst kreigen in deine klaet,
dat hielstu in klawen also vast;
darumb sal man in die guet haen gelast,
und sol dich ein wienigh haven geschoeren.
170 Ich wil ein ander loch gahn boeren
und gaen ein stuck wegs in den mart,
want sei mussen auch in diese kart.
Dah fint ich einen entgegen den Stern,
ich mein, ehr hait sich berechnet fern;
175 aber ich en wil's doch nit nennen:
ehr en hett so vil nit verdient mit spennen,
als ehr thede in den wein:
28 foder sullen versturzt sein.
Sollen die weinleuth also den wein sturzen,
180 helf! was sollen ihrer all Aichen ausfurzen!
1000 gulden must ehr bringen,
sol ehr von der hurt kunnen springen.
Nochtans en is ehr es nit allein,
dah wohnt einer in den Lewenstein,
185 dat is furwahr ein alt stal,
want ehr hait lang gepiffen wail.

*fänger dieser Accise Unterschleife gemacht hatte, denn so wird v. 150
zu verstehen sein* [159] *sich stechen in* mit dem acc. *sich wohin begeben vgl. unten v. 274* [164] *jahren Hs* [166] *klaet Kralle, bisher nur aus oberdeutschen Quellen belegt, vgl. R. Hildebrand in Grimms d. Wb. V. 1007* [174] *sich fern berechnen sich verrechnen* [177] *den dat. Er hatte die Aufsicht über den Weinverkauf, gestattete aber, dass die Händler Wein fortschafften* (sturzten, versturzten), *ohne dass sie die Abgaben bezahlten* [180] *ausfurzen einen kann ich nicht belegen, es scheint zu bedeuten, sein Gespött mit einem treiben* [182] *soll er frei kommen* [185] *stal Stahel, vgl. Wolframs Parz. 4. 15 'er stahel swa er ze strite quam' und unten v. 219 ein scharpfer dorn*

Ehr ist dickweils gewest burgermeister in sein tagen,
des mues ehr auch den last helfen tragen,
want die stat jehmerlich zu kurz is.
190 Steffen Wolf is von hinnen gewis;
sal ehr kommen in sein haus,
ein grosse quart sal er mussen geben aus,
so als ich hab hoeren sagen.
Peter Hub ist sehr zu clagen,
195 want man hielt ihm vor einen goeden gesellen,
darumb wollen wir schweigen all stellen;
aber umb dat die stat so arm ist worden,
he liest sich dunken, ehr gief es in den orden.
Hiemit wil ich mich von hinnen machen,
200 aen Newpforz wil ich geraichen:
Theis Broecher hait es wienigh genossen,
mehr dat fett hait allzeit boven geflossen,
und of ehr des jehmals hait gekort,
darumb mues ehr auch gulden langen vort,
205 so als wir dat haven gedacht.
Wilhelm Gis, Gott geve dich goede nacht!
Hettestu mit dehm wechter nit gegeck
und hettest gehalten deinen beck,
ich mein, es sol dich baeten wol 100 merk.
210 Gank doch mit Ponell und besigh dat werk,
wat fur ein essen dat is!
Hetten arme leuth umb dat gelt gegulden geris,
dat sei sich mit ihren kinderen hetten gewermbt,
aber nein, es en hait dich auch nit geermt.
215 Aber du haist vil Haller voessen verkauft;
allmechtiger Gott, wehr solt es haben gelauft!
Is nicht wahr lieber gesell?

[189] zu kurz sein, *wie zu kurz kommen, Schaden haben* ist *Hs*
[196] stillen *Hs vgl. die Lesart von V¹V² zu v. 332 des vorigen Gedichtes*   [198] orden *bedeutet hier wol dasselbe wie oben v. 123 stat orden und beide sind Synonyme der* ketten, *vgl. unten die von Loersch angeführte Stelle aus a Beeck*   [207] gegeckt *Hs*   [208] beck *Schnabel Er scheint sich durch unzeitiges Schwätzen verrathen zu haben*   [214] ar- men *arm machen, in dieser Bedeutung bei Lexer, mhd. Hwb. I. 94 nicht belegt* geurmtt *Hs*   [215] *Musste er Haller Goldfüchse verkaufen, um sein Strafgeld bezahlen zu können?*   [216] geglaubt *Hs*

Nhun wil ich gahn bei Ponell:
dat was auch ein scharpfer dorn,
220 ihm docht, ehr sies zu mitzen in dehm korn,
das ehr ein rhaetsher was gekoeren.
Man hiel ihm vor einen geck zu voren; [31]
nach weisheit hatt ehr groissen durst,
seinem broder Jan hait ehr geschlafen auf sein borst,
225 dehm hait ehr die weisheit abgesoegen,
aber mich dunkt, ehr ist dahrmit bedroegen!
Dahmit sag ich euch goede nacht,
arme klanten hait ehr deck veracht.
Aich, Simon von Thenen, Got geb dir goeden morgen!
230 Wie wol bistu kommen ausser dieser sorgen!
Als du gesessen hets bis nach in den rhaet,
so stundestu auch in diesen staet.
Des mach ehr Gott wol danken sehr.
Juris Eibis, den is sehr aen ehr,
235 dat man ihme hait alsulche quart,
des trecken sei zu Munster mallich einen bart.
Peter Butterloich is hie geblieven
und hait sein gelt haestigh gegieven.
Lieber gesell en is't nit also?
240 Die leister en fiengh ehr aber nit noh,
wat ehr kunt kreigen in seinen bart,
die wahr ihm zu weich noch zu hart.

[221] *euch bezieht sich wol auf die Brüder Ponell. Er bietet ihnen gute Nacht, weil er nichts mehr von ihnen sagen will, vgl. 229, wo er dem Simon von Thenen, von dem er erst anfängt zu sprechen, guten Morgen wünscht, vgl. aber v. 206* [228] *klant 'Kunde' fehlt bei Hildebrand, Grimms Wb. V. 952* [229] *Gob geb Hs. Diese eigenthümliche Angleichung lässt sich vergleichen einer in Süddeutschland ganz gewöhnlichen Erscheinung, dass nämlich beim Sprechen 'jedes t oder d, das mit einer Muta oder Liquida anderer Gattung zusammenstösst, von dieser beeinflusst wird, so dass es sich ihr anbequemt oder völlig angleicht' vgl. R. Hildebrand in der Zeitschrift für deutsche Philologie II. 3. 254 fgg. und A. v. Keller a. a. O. III. 3. 316* [231] *er war damals nicht mehr im Rathe* [234] *Ist zu lesen Fibus, wie der Name bei Meyer lautet? is, wie v. 80 was, und v. 217, 259 is mit Auslassung des Personalpronomens es, et* [236] *auch Juris Eibis war aus der Stadt nach Cornelimünster geflohen* [238] *gegeven Hs* [240] *leister Amsel, Drossel vgl. Achener Idioticon s. 242, wo auf*

This Tibus ist sicher zu clagen,
want ich hab vorwahr hoeren sagen,
245 ehr muest geben ein hondert gulden oder vier:
in zehen jahren en fint ehr es nit in die pler.
Is ihm dat nit ein ungefall!
Des is ehr zu Munster in den thal,
darbei zu mirken, dat ehr ist gatz.
250 Dahr wont einer neben die merkatz,
. . . .
. . . .
Dahr wont auch jonker Claus Sweinenpelz,
ehr besaegh das bier, oft auch wal waer gemelz; [32]
255 ihm drumbt,. dat ehr es hatte gekort,
darumb moest ehr auch 100 gulden legen vort,
darmit kumpt ehr wael aef.
Nhun wil ich gahn zum Bischofstaef,
is gleich beneven die Maus;
260 acharm! dehr is zur stat hinaus!
All sols Gott in dehm himmel sein geclaet;
ehr· hait der stat auch vil geschaet,
aber ehr maichet sich auch in zeiten up.
Ich mein, ehr en hatt nit den schnup,
265 dat ehr dat so balt kunt geruchen,
ist in't lant daher kommen gekruichen,

holländisches lyster *verwiesen wird. Der Name findet sich ebenfalls bei den Siebenbürger Sachsen, deren Mundart der ndrh. am nächsten verwandt ist, vgl. Frommanns deutsche Mundarten IV. 194. Bei Lexer mhd. Hwb. I. 1937 liest man nur: 'lister sepicecula ein Vogel'* [246] *die = de (der) Was bedeutet* pler? *ist es etwa mundartliche Form für* palier, *die Appretur? Ueber die* palierer *vgl. Loersch, A. R.-D. 78: 'die palierre, die die duich paliere, ... die in solen egeine duich anders besten, vor noch henden, dan ein veirdeil van einre elen in't duich noch in die duich'* [249] gartz Hs. *Auch* garz *findet sich wieder in der siebenbürgisch sächsischen Volksmundart, vgl. Frommanns d. Ma. V. 329. 266. Es ist hier in übertragenem Sinne gebraucht: er taugt nichts* [250] *Ueber den, der neben der Merkatz wohnt, sagt der Pasquillant in der überlieferten Form des Gedichtes nichts, es werden auch hier Verse ausgefallen sein, vielleicht mehr als zwei. Der Ausfall dieser Verse scheint dadurch veranlasst zu sein, dass v. 253 und 250 gleichlautend anfangen* [254] gemeltzt Hs [261] geclagt Hs [264] schnop Hs ·

dat ist wahr bei St. Niclaus den bischof.
Nhun wil ich fort gahn in't Schaef:
nochtans ist ehr sicher zu clagen
270 und sein nachpar Jurris in den haen, so ich sagen,
wie wol en haben sei auch jah gesagt,
es ist mislich, wat sei haben gedacht,
sei meinten, die ketten en solt nit brechen,
sei haben sich auch zu Munster gestechen;
275 aber hetten sei geblieven in die stat,
sei hetten mehr ehren gehat,
want sei muesten gelt langen hinfort.
Nhun willen wir gahn umb dat orth,
dah steit vor Wilhelm Engelbrecht,
280 uns dunkt ehr habe auch mit geleckt;
wie wael quam ehr all huppen aen!
Daniel van der Kanen is sicher zu klan, [33]
ich halt ihm für einen fromen mann.
Johan van Stummelen du mugs nit dahrvan,
285 du mues helfen den rei aus peifen:
Engelbrecht plachs du umb sein lenden zu greifen,
darumb en machs du nit aefstaen.
Ihr must in ewerem beutel gahn,
want ihr seit gewesen zwehn gesellen,
290 und helfen doch den laest aefstellen.
Hiemit wil ich mein saich beschlessen,
mich zweifelt, es wirt ihrer ein theil verdressen.
Ihrer is drei oder 4 thoit,
die der stat haben gebracht groesse noth,
295 die hait Gott von himmel genohmen.
Gott gebe, das es all zum goeden end mach kommen!
Is ihrer ein deil noch ihm leven,
ich hoff, dat sei uns noch mit sollen geven.
Finis.

[278] *um die Strassenecke. In gleicher Bedeutung wird auch* kante *gebraucht, was R. Hildebrand in Grimms d. Wb. V. 173 entgangen ist* [291] beschliessen *Hs* [297] leben *Hs*

Zum Spottgedichte von 1513.

Im October des Jahres 1429 war es dem Achener Erbrathe gelungen, der Stadt diejenige Verfassungsform wieder aufzuzwingen, welche im 13. und 14. Jahrhunderte gegolten hatte. Seine Stellung war aber durch die Vorgänge jenes Jahres stark erschüttert, und so bietet das ganze 15. Jahrhundert das unerquickliche Schauspiel eines unausgesetzten Kampfes zwischen Gemeinde und Patriziat, als dessen hauptsächlichste Veranlassung immer wieder die in der städtischen Finanzverwaltung herrschenden Missbräuche hervorgehoben werden. Mit äusserster Hartnäckigkeit vertheidigte der Erbrath seine Stellung. Nur mit Widerstreben gestattete er im Jahre 1437 eine gewisse Betheiligung von Abgeordneten der ganzen Bürgerschaft an der Verwaltung, und erst nach heftigen innern Kämpfen, welche zu völliger fast ein halbes Jahr währenden Auflösung aller rechtlichen Ordnungen führten, liess er sich in dem sog. Gaffelbrief vom 24. November 1450 die Zuordnung von sechsundsechszig, aus den auf neuen Grundlagen errichteten elf Zünften durch Wahl hervorgehenden Mitgliedern gefallen[1]). Schon im Jahre 1477 erfolgte jedoch eine neue Umgestaltung der Verfassung. Der im Gaffel-

---

[1]) Die Geschichte der Achener Verfassung von 1429 bis 1513 und insbesondere die Bedeutung der in den Jahren 1437, 1450 und 1477 eingetretenen Aenderungen ist durchaus nicht klar. Die Nachrichten der Quellen, welche sich theilweise geradezu widersprechen, sind eingehender Prüfung und Erörterung sehr bedürftig. Im Jahre 1437 erhielten sechsunddreissig in den neun Grafschaften zu wählende Männer Sitz und Stimme im Rath. Die Aenderung, welche der Gaffelbrief von 1450 herbeiführte, war keineswegs eine radicale, insbesondere ist der Erbrath als solcher nicht dadurch beseitigt worden; die sechsundsechszig Gewählten traten nur zu ihm hinzu. Eine genaue Darstellung mit den nöthigen Nachweisen hoffe ich an anderer Stelle zu geben. Sehr wichtige Mittheilungen macht Quix, Beschreibung von Achen, S. 142, nach einer handschriftlichen Zusammenstellung aus dem 16. Jahrhunderte, von der leider jede Spur verloren zu sein scheint.

briefe von 1450 beliebte jährliche Wechsel eines Theiles der Rathsmitglieder, nämlich der Hälfte derjenigen, welche aus der Wahl der Zünfte hervorgingen, wurde beseitigt, und vielmehr festgesetzt, dass alle einmal im Rathe sitzenden Mitglieder ihre Eigenschaft als solche lebenslänglich behalten sollten [1]). Diejenigen gewählten Rathsleute, welche zu der Zeit, wo jene Aenderung eintrat, dem Collegium angehörten, blieben nunmehr in demselben bis zu ihrem Tode. Dasselbe galt für diejenigen, welche nach dem Wegfalle einzelner an deren Stelle traten. Ihre Gesammtzahl scheint jedoch wieder von sechsundsechszig auf sechsunddreissig reducirt worden zu sein. Neben dem festen Bestandtheile des Rathes, der durch den alten Erbrath (Schöffen und rathsfähige Patrizier) gebildet wurde, befand sich nun nicht mehr ein jährlich durch Wahl erneuerter, wechselnder und zahlreicherer anderer Theil der Körperschaft, sondern eine Abtheilung, welche eben so stehend war und sich eben so langsam und zufällig erneuerte, wie jener. Es hatte unzweifelhaft in der Absicht der Redactoren des Gaffelbriefes von 1450 gelegen, dass die gewählten Rathsmitglieder eine wirksame Beaufsichtigung gegenüber den aus alter erblicher Berechtigung im Rathe

---

[1]) Zum Jahre 1477 berichtet die kleine Achener Chronik, Annalen des histor. Vereins für den Niederrhein, Heft 17, S. 15 ff. über bedeutende Unruhen, entsprechend Meyer, S. 399, § 34 ff., der jedoch irrthümlich das Jahr 1474 nennt; vgl. über diese Ereignisse Haagen, Geschichte II, S. 89 ff. Von einer Aenderung der Verfassung sagt die Chronik nichts, Urkunden, welche sich auf eine solche bezögen, sind bis jetzt nicht bekannt geworden. Die einzige bestimmte und gewiss zuverlässige Nachricht gibt a Beeck, S. 253: „Licet vero anno 1477 post turbulentam novam seditionem decretum fuerit, quod totum scabinale collegium una cum quatuor viris ex quolibet membro reipublicae (quorum novem in Aquis, populari dictione nuncupata *Graffschaften*) magistratui hereditario iure incorporarentur, arbitrium curamque urbis exercerent, nullaque deinceps restauratio magistratus fieret, attamen...."; Noppius hat sie nicht aufgenommen. Im Jahre 1513 wurde ausdrücklich behauptet, der Erbrath sei 1477 wieder hergestellt worden; vgl. Meyer, S. 400, Note 1, und S. 424, § 62. Die an letzterer Stelle mitgetheilten Angaben stimmen nicht ganz zu a Beecks Bericht; was das richtigere sei, muss vorläufig dahingestellt bleiben.

sitzenden Patriziern ausüben, und selbst wiederum durch die jährlich eintretende Wiederwahl gezwungen sein sollten, das eigene Verhalten durch die Rücksicht auf die Bürgerschaft beherrschen zu lassen, von der sie ihren Auftrag erhielten. Beides kam durch die Umgestaltung der Verfassung im Jahre 1477 in Wegfall. Von welcher Seite die Anregung dazu ausgegangen ist, wissen wir nicht; jedenfalls konnte sie nur den Wünschen sämmtlicher damals dem Rathe angehörenden Mitglieder entsprechen, und musste sie zur Folge haben, dass fortan an der Spitze der städtischen Verwaltung eine geschlossene Zahl von Personen stand, die sich in dieser bevorzugten Stellung bis zu ihrem Tode völlig sicher fühlten. Die gegenseitige Ueberwachung der verschiedenen Elemente der Rathsversammlung kam eben so wenig mehr zur Geltung, wie die Rücksichtnahme des einzelnen Gewählten auf seine Auftraggeber. Auf einem Umwege war der Erbrath, allerdings in anderer Zusammensetzung als nach der ursprünglichen Verfassung, wieder hergestellt. Die Patrizier und die durch Wahl in die Versammlung gelangten Handwerker oder Gewerbtreibenden standen sich in diesem Kreise völlig gleich, fühlten sich durch gemeinsame Interessen in gleichmässig gesicherter Stellung verbunden, waren darauf angewiesen, untereinander Nachsicht zu üben, wenn es deren bedurfte. — Und es bedurfte deren nur zu sehr. In diesem, nun nicht mehr einem Stande angehörigen Regimente hat sich eine Corruption entwickelt, welche alles weit hinter sich lässt, was man vor Jahren dem ausschliesslich von Patriziern besetzten Erbrathe mit Recht vorgeworfen hatte, was die Handwerker in dem kurzen Zeitraume ihrer thatsächlichen Herrschaft sich hatten zu Schulden kommen lassen. Die Mitglieder des Rathes und eine Anzahl eng mit ihnen verbündeter Personen — eine Vereinigung, welcher die Zeitgenossen den treffenden Namen „die Kette" beilegten, — haben Jahre lang die Verwaltung der Stadt zu ihren persönlichen Zwecken ausgebeutet. Ihrem Kreise waren allein die einzelnen Beamtungen zugänglich; das durch Kauf oder Bestechung erlangte Amt wurde dann von dem einzelnen Inhaber rücksichtslos ausgebeutet, sowohl durch Missbrauch der Gewalt wie durch schnöde Feilbietung ungesetzlicher Nachsicht. Accisen und Auflagen kamen kaum mehr der Gesammtheit, sondern nur den mit ihrer Beaufsichtigung und Verwaltung betrauten Personen zu Gute, die ärgsten Missbräuche herrschten wieder bei der Verpachtung der Verbrauchssteuern. Kurz — „die Kette" bereicherte sich durch Missbräuche jeder Art auf Kosten der Bürgerschaft [1]), und bis zum Jahre 1513 konnte sie ungehindert ihr Wesen treiben. Erst in diesem Jahre und wahrscheinlich unter dem Eindrucke der in Köln ausgebrochenen Unruhen ermannten sich die Handwerker unter der Anführung der Brauer. Sie verlangten Erneuerung und strenge Beobachtung des Gaffelbriefes von 1450, vor allem aber eingehende Rechenschaft über die Verwaltung des städtischen Geldwesens. Eine erste und oberflächliche Untersuchung deckte sofort die schlimmsten Dinge auf und veranlasste eine Anzahl von Rathsmitgliedern, die sich ihrer Schuld nur zu gut bewusst waren, zu schleuniger Flucht. An die Stelle des vollständig desorganisirten Rathes wurde unter Beobachtung der Vorschriften des Gaffelbriefes eine neue Verwaltung eingesetzt. Dies gab den entwichenen Rathsherren und deren Anhängern Veranlassung, sich beim Reichsoberhaupte über den Bruch der Verfassung zu beschweren und dessen Intervention anzurufen. Kaiserliche Commissarien haben dann auch über ein Jahr lang die streitigen Punkte durch Vernehmung von Mitgliedern sowohl des alten wie des neuen Rathes aufzuklären gesucht; die ganze Untersuchung scheint jedoch im Sande verlaufen zu sein, und als wesentliches Resultat des Aufstandes von 1513 ist nur die Wiederherstellung des Gaffelbriefes von 1450 zu bezeichnen, der von da an in unbestrittener Geltung geblieben ist.

Eine sehr eingehende Darstellung der Vorgänge der Jahre

---

[1]) A Beeck, S. 253, sagt von der seit 1477 im Amte stehenden Verwaltung: „attamen quia et hoc regimen plus aequo sibi suisque confederatis amicis, quos indigitabant *die ketten* eorumque lucris ac quaestibus in vino aliisque rebus venum exponendis inhiaret quam utilitati publicae studeret, praesertim cum caeteri civis inusitatis exactionibus magis magisque aggravarentur, ob id non diu subsistere valuit haec administratio insequentique tempore anno 1513 per modum factiosae tumultuationis, qua populus rationes exigebat, iam secundo sublata ac gubernaculum urbis ad normam antiquorum pactorum praememoratarum literarum anni 1450 restauratum fuit."

1513 und 1514 findet sich bei Meyer[1]). Sie erscheint als durchaus zuverlässig, indem ihr die noch im städtischen Archiv befindlichen gleichzeitigen privaten Aufzeichnungen, sowie die amtlichen Protocolle und Acten zu Grunde gelegt sind. Die erste neue Bereicherung des hier verarbeiteten Materials bietet das vorstehende Spottgedicht. Dieses behandelt jedoch keineswegs den ganzen Verlauf der für die Stadt so wichtigen Angelegenheit, sondern lediglich deren Anfänge: das energische Auftreten der Zünfte und die Ergebnisse der auf ihr Verlangen angestellten Untersuchung der städtischen Verwaltung, bietet demnach keine Veranlassung, die ganze von Meyer gegebene Darstellung einer nochmaligen Prüfung zu unterziehen. Durch Ton und Auffassung unzweifelhaft ein sehr wichtiges Zeugniss für die in der Bürgerschaft herrschende Stimmung, erweitert es unsere Kenntniss im wesentlichen nur nach einer Seite, indem es ein mit genauester Kenntniss der Personen und Verhältnisse zusammengestelltes Verzeichniss derjenigen Männer gibt, die durch unerlaubte Handlungen bei directer oder indirecter Theilnahme an der Verwaltung compromittirt waren. Es wird demnach genügen, diese Angaben mit den von Meyer gegebenen zu vergleichen und festzustellen, welche und wie viele neue Namen wir dem Gedichte entnehmen können.

Die ersten 75 Verse berichten über den Beginn der gegen den Rath gerichteten Bewegung; es darf nicht unerwähnt bleiben, dass hier die Zeitangaben nicht mit den von Meyer gemachten übereinstimmen. Das Gedicht bezeichnet ausdrücklich in Vers 41 den 'Gross-Vastelabendstag', der ja auch in der Ueberschrift hervorgehoben wird, als denjenigen, wo die Bürgerschaft zuerst die Autorität des herrschenden Rathes in Frage stellte, sich auf das Rathhaus begab und Herausgabe der Thorschlüssel forderte. Es ist nicht mit Sicherheit festzustellen, welcher Tag hier gemeint ist; während man nämlich in ganz Deutschland gleichmässig den Dinstag nach dem Sonntage 'Estomihi' die 'gemeine Fastnacht' nannte, wird bald

---

[1]) Vgl. Meyer, Achensche Geschichten, S. 419—426, danach Haagen, Geschichte II, S. 114—120. Beeck, S. 253 a. E., hat nur eine ganz dürftige Notiz, welche Noppius nicht einmal wiederholt.

jener Sonntag, bald aber auch der darauf folgende Sonntag 'Invocavit' unter der Bezeichnung 'grosse Fastnacht' verstanden[1]). Da im Jahre 1513 Ostern auf den 27. März fiel, so wäre für den Beginn der Bewegung, je nachdem man den Sonntag 'Estomihi' oder den Sonntag 'Invocavit' annimmt, entweder der 6. oder der 13. Februar festzuhalten, wonach sich dann auch das Datum des in Vers 46 ff. erwähnten Montags und Dinstags bestimmt. Zuverlässiger dürften die Angaben Meyers sein, da hier auch die Monatstage angegeben sind. Als den Tag, wo sich die Gaffeln zuerst versammelten, nennt er (S. 419, § 46) den Freitag 'vor der Fastnacht, nämlich den 11. Februar', versteht demnach hier unter 'Fastnacht' den Sonntag 'Invocavit', also den ersten Sonntag in der Fasten, was wohl zu dem Schlusse berechtigen dürfte, dass auch gerade dieser Sonntag in dem Gedichte unter der Bezeichnung 'Gross-Vastelabendstag' gemeint ist. Nach Meyer nahmen die Zünfte dann erst am Dinstag, den 15. Februar, die Thorschlüssel in Beschlag und am 16. und 17. fanden die ersten Prüfungen der Rechnungen statt. Eine Vereinigung dieser Angaben mit denen des Gedichtes ist nicht möglich. Im übrigen stimmt die Einleitung des letztern ganz mit dem überein, was wir aus Meyer über die Veranlassungen des Conflictes zwischen Bürgerschaft und Rath wissen. Die Verse 3 und 20 weisen ausdrücklich auf die fast gleichzeitigen Vorgänge in Köln hin, Vers 35 ff. berichten von den unter den Zünften stattgehabten Verhandlungen, bei denen nach langer Zeit wieder auf den gänzlich verschollenen Gaffelbrief von 1450 hingewiesen und verlangt wurde, dass dieser aufs neue beschworen werde. Vers 14 ff. nennen dann diejenigen städtischen Beamten, welche vermöge ihrer Stellung bei den Missbräuchen der Verwaltung vorzugsweise betheiligt sein mussten, die Neumänner. Im engeren Sinne verstand man unter diesem eigenthümlichen Namen die sechs Steuerempfänger, im weitern Sinne aber auch noch alle übrigen mit der Finanzverwaltung betrauten Beamten, nämlich die Rentmeister, Weinmeister und Baumeister[2]). Vers 29 ff. spielen auf einen

---

[1]) Vgl. Weidenbach, Calendarium, S. 191, Sp. 1.

[2]) Vgl. Noppius, Theil 1, S. 116; Quix, Beschreibung von Achen, S. 145.

Missbrauch an, über den auch Meyer (S. 425, § 64 a. E.) berichtet, wo angegeben ist, dass der Rathsschreiber Werner Lewe eine grosse Summe städtischen Geldes ausgegeben habe, um die Privilegien des Weinzapfens zu erhalten. Wie es sich mit der Besteuerung des Weines im 15. und 16. Jahrhunderte verhielt, ist nicht genügend aufgeklärt. Im Jahre 1475 weigerte sich Friedrich III., der Stadt das Monopol des Weinschanks zu ertheilen, 1477 soll dann im Einverständniss mit der Bürgerschaft die Weinsteuer auf einige Jahre um vier Gulden für das Fuder erhöht worden sein[1]). In welchem Zusammenhange die Ausgaben des Werner Lewe zu diesen gewünschten und theilweise erreichten Aenderungen stehen, muss vorläufig dahin gestellt bleiben.

Die Verse 41 bis 75 geben endlich nur kurze Andeutungen über die mehrfachen Verhöre und die Gefangenschaft (das 'Schlafen auf der Bank'), welche die Beamten und Mitglieder des Rathes drei Wochen lang zu erdulden hatten.

Der ganze übrige und bei weitem umfangreichere Theil des Gedichtes beschäftigt sich nur noch mit einzelnen Personen. Der Verfasser springt vom einen zum andern, deutet kurz und meist nicht ohne Humor an, was dem einzelnen vorgeworfen wurde, wie viel er in Folge der Untersuchung bezahlen musste, ob er sich durch die Flucht den Verhören und Ersatzansprüchen entzogen hatte. Mehrfach sind statt der Namen nur die Häuser der Compromittirten genannt, und namentlich hierdurch erhält das Gedicht vielfach den lebendigen Charakter einer fingirten Wanderung durch die Strassen der Stadt, büsst jedoch für uns an Deutlichkeit ein. Es sollen nun zunächst diejenigen Angaben besprochen werden, welche mit den bereits von Meyer gegebenen Nachrichten übereinstimmen, daran wird sich dann eine Uebersicht über die neuen Namen und Nachrichten anschliessen. Einer der am ärgsten compromittirten Beamten war der bereits erwähnte Stadtschreiber Werner Lewe[2]); er entfloh denn auch gleich in den ersten Tagen der Untersuchung mit sechs anderen Mitgliedern

---

[1]) Vgl. Haagen, Geschichte II, S. 88 u. 91.
[2]) Die alte Patrizierfamilie der 'Lewe', lat. 'Leo', scheint im 15. Jahrhunderte ausgestorben zu sein, der Stadtschreiber Werner hat ihr also wohl nicht angehört.

des Rathes, deren Namen Meyer (S. 420, § 49) nicht angibt. Die Schuld und die Flucht des Schreibers Werner bestätigen Vers 52 ff.; das Gedicht nennt aber auch an verschiedenen Stellen Personen, welche sich ausserhalb der Stadt aufhalten, und es hindert nichts, einzelne von diesen für die im Anfange der Rechenschaftslegung geflohenen Rathsherren zu halten — hierher dürften namentlich die unten noch zu erwähnenden, Wilhelm und Adam Nütten, und der von dem Bischofsstab zu zählen sein.

Meyer führt (S. 420, §§ 51 und 52) elf der beim Beginne der Untersuchung eingesperrten Rathsherren auf, die zur Zahlung grosser Summen verurtheilt wurden und dann im Laufe des Sommers die Stadt verliessen; von diesen sind fünf in unserm Gedichte unzweifelhaft, zwei höchst wahrscheinlich genannt und sämmtlich auch als abwesend bezeichnet. Von Stephan Wolff sagen Vers 190—192, dass er nur gegen Erlegung einer grossen Summe zurückkehren dürfe; nach Meyer verlangte man 200 Gulden von ihm. Gerlach Zink und Claus von Limburg werden in den Versen 130 ff. und 122 ff. in ähnlicher Weise genannt; sie sind beide bei Meyer zu 300 Gulden veranschlagt, unser Gedicht meint, von jenem seien 1000 Gulden verlangt, dieser müsse „eine grosse Quart" geben. Den bei Meyer als Matheis Tyvis bezeichneten und zu einer Busse von 400 Gulden veranschlagten Rathsherren führt das Gedicht in Vers 243 ff. unter dem Namen This Thibus auf, und verlangt von ihm genau dieselbe Summe [1]). Der im Vers 234 erwähnte Juris Eibis dürfte wohl mit dem bei Meyer an achter Stelle genannten Georg Fibus identisch sein. Der dort an neunter Stelle angeführte Georg Willermann ist mit dem in Vers 270 vorkommenden, wahrscheinlich nach seinem Wohnhause bezeichneten Juris im Hahn [2]) gemeint, da der, sonst im Gedichte nicht weiter vor-

---

[1]) Ein Thys Tybus wird schon 1391 genannt; vgl. Laurent. Ach. Stadt-Rechnungen, S. 387, Z. 29.

[2]) Das Haus findet sich vielleicht erwähnt in Urkunden von 1423, Annalen des histor. Vereins für den Niederrhein, Heft 21 u. 22, S. 261. Nr. 48: „In den radermart dat huis zen roden haen, 7 Rinsche gulden zu druzicnder misse." Es lag also am jetzigen Münsterkirchhofe und bezahlte dem vom Eichhorn einen Zins.

kommende Vorname und die Entfernung aus der Stadt ja
durchaus zutreffen. Von Franko Block, den Meyer zuletzt
erwähnt, wird dann in Vers 142 erwartet, dass er bald
zurückkehren werde; nach den sich hier findenden Anspielungen scheint er die Fabrication von Tuch betrieben zu haben.
Bei den meisten der vorgenannten wird Münster, auch Münster im Thal, als Aufenthaltsort genannt (Vers 139, 145,
236, 248, 274); gemeint ist das etwas mehr als eine Meile
von Achen entfernt gelegene Cornelimünster[1]), hier fanden
die Flüchtlinge auf dem Gebiete der reichsfreien Abtei, die
auch in der Regel mit der Stadt in Streitigkeiten verwickelt
war, in nächster Nähe ihres heimatlichen Heerdes eine völlig
sichere Zufluchtsstätte.

In einer am 25. August 1513 stattgehabten Verhandlung, über welche Meyer, S. 422 ff., § 57, berichtet, wurde
eine Anzahl von Mitgliedern des früheren Rathes über ihr
Verhältniss zu den noch immer ausserhalb der Stadt verweilenden Genossen vernommen; von den bei dieser Gelegenheit
angeführten Namen finden wir drei im Spottgedichte wieder,
nämlich Peter Hub oder Hubbe, Vers 193 ff., (Gerard) Ponell oder Pawenel, Vers 210 ff., und Daniel von der Kannen,
Vers 282 ff., deren Träger also auch wohl ärger compromittirt waren, als dies aus dem bei Meyer gesagten hervorgeht.

In den der kaiserlichen Untersuchungscommission überreichten Denkschriften, wodurch der sog. neue Rath sich gegen
die Anklagen des seit dem Februar 1513 abgesetzten vertheidigte, wurde auch nachgewiesen, dass unter den in den
letzten sieben Jahren fungirenden Bürgermeistern in unverantwortlichster Weise Leib- und Erbrenten bis zu sehr hohen
Beträgen verkauft worden seien, wodurch natürlich die städtischen Finanzen auf lange Jahre hinaus belastet blieben. Von
den solcher Verschleuderung beschuldigten Bürgermeistern,
welche Meyer, S. 425, § 64, aufzählt, wird im Gedichte
anscheinend nur ein einziger genannt. In Vers 258 wendet
sich der Verfasser zum Bischofstab, der neben der Maus wohnt
und wie viele andere das Weite gesucht hat. Gemeint ist
hier Gillis (Aegidius) van dem Buschofstave, der nach Meyer

---

[1]) Vgl. Kaltenbach, der Regierungsbezirk Achen, S. 202.

im Jahre 1507 mit Peter von Inden Bürgermeister war und zwischen 1500 und 1508 mehrfach als Schöffe genannt wird [1]).

Ausser den im Vorstehenden besprochenen zwölf Namen, finden sich in dem Gedichte noch sechsundzwanzig Personen genannt oder durch Nennung ihrer Wohnhäuser bezeichnet, welche bei Meyer nicht vorkommen, oder wenigstens nicht ohne weiteres als mit dort genannten identisch bezeichnet werden können. Ich führe sie hier an in der Reihenfolge ihres Vorkommens im Texte des Gedichtes; die meisten sind völlig unbekannt und nur einzelne geben zu Bemerkungen Veranlassung.

1. Johan Schütz, Vers 76 ff. Wird hier von dem 'Angreifen' durch den Meyer gesprochen, so kann, wie bereits von Reifferscheid in der Anmerkung zu V. 77 hervorgehoben, sowohl an Gefangennehmung durch diesen Beamten, wie an die durch ihn vorgenommene 'peinliche Befragung' gedacht sein; dass letztere bei einzelnen Rathsherren in Anwendung gekommen sei, sagt ausdrücklich das bei Meyer, S. 421, § 53, abgedruckte kaiserliche Mandat vom 22. März 1513.

2. Meister Peter wird in den Versen 78 und 79 nur kurz erwähnt. Von den bei Meyer, S. 420, § 51, aufgezählten elf Rathsherren, deren sieben, wie oben gezeigt, in dem Gedichte vorkommen, haben die drei ersten, die auch zu den grössten Entschädigungssummen (3000 und 4000 Gulden) veranschlagt sind, sämmtlich den Vornamen Peter; unzweifelhaft ist auch hier einer von diesen gemeint, ob Peter Wolff, Peter Stoltz oder Peter von Inden, muss dahingestellt bleiben. Der letztere war (wie aus Meyers Angaben S. 420, § 52 und S. 425, §64 hervorgeht) wohl am meisten compromittirt, 1507, 1509 und 1512 Bürgermeister gewesen, und wurde bis zum 11. Juli 1513 in Haft gehalten; er ist

[1]) Vgl. die Urkunden 24—26 bei Loersch, Achener R.-D. S. 230 ff. Unzweifelhaft ist hier der Name des Wohnhauses zum Familiennamen geworden. Schon gegen Ende des 14. Jahrhunderts kommt die Familie vor, vgl. Achener R.-D., S. 189, § 3, kam aber erst viel später in den Schöffenstuhl. Ein Haus 'zur Maus' findet sich noch jetzt auf dem Münsterkirchhofe, dasselbe Haus wird genannt in der kleinen Achener Chronik, Annalen des histor. Vereins für den Niederrhein, Heft 17, S. 6 zum Mai 1428; vgl. Haagen, Geschichte II, S. 34.

der einzige, dessen Namen a Beeck kennt [1]). Mit seiner hervorragenden Betheiligung an den Verwaltungsmissbräuchen stimmt es schlecht, dass ihm nur zwei Verse gewidmet sein sollen; wahrscheinlich ist er gemeint an einer andern Stelle; vgl. unter Nr. 9.

3. **Bückingh der Bürgermeister**, Vers 80 f., ist urkundlich nicht nachzuweisen; da am 3. Eebruar 1532 ein Goebel Bueckink als Richter fungirt [2]), so ist der, sonst naheliegende Gedanke abzuweisen, als sei hier ein Spottname gebraucht für einen der anderweitig bekannten Bürgermeister, welche schecht gewirthschaftet hatten.

4. **Johan Hieiman**, Vers 84, ist unbekannt.

5. Vers 92 ff. beschäftigen sich mit dem Manne, der im Hause zum Papagei wohnt, heben, im Gegensatze zum sonstigen Inhalte des Gedichtes, dessen wahrscheinliche Unschuld hervor, verlangen aber von ihm thätige Mitwirkung zur Besserung der Zustände. Den Namen dieser Persönlichkeit können wir nicht errathen, das Haus aber ist bekannt, es lag in der Jacobstrasse der Dominikanerkirche gegenüber und wird schon seit dem Anfange des 15. Jahrhunderts mehrfach genannt, weil dort in der vorbeifliessenden Pau ein bei Streitigkeiten über Wasserbenutzung als Beweismittel sehr wichtiger Pegel stand [3]). Am 9. Juli 1695 wurde die in diesem Hause befindliche Kur-Brandenburgische Kriegskasse von Franzosen geplündert [4]).

6. **Franz von Binsfeld**, Vers 99, führt einen bekannten Namen [5]); er muss sich stark an den Missbräuchen

---

[1]) A Beeck, S. 253 fg.: „custodia mancipati fuerant in hac seditione Petrus de Iuden consul et plerique primarii ac opulentiores cives senatoresque, sed relaxati post praestitam cautionem aut exsolutam pecuniae mulctam, non paucorum etiam facultates arresto detentae."

[2]) Vgl. Loersch, Achener R.-D., Regesten, S. 268, Nr. 215.

[3]) Dies ergeben ungedruckte Urkunden und Protocolle in der bei Loersch, Achener R.-D., S. 89, Note 3 genannten Handschrift der Berliner kgl. Bibliothek.

[4]) Meyer, S. 678, § 38, vgl. mit einem Aufsatze von Archivar P. St. Kaentzeler im Echo der Gegenwart vom 14. April 1870.

[5]) Vgl. Haagen, Geschichte II, S. 65.

der Verwaltung betheiligt haben, da auf eine Zahlung von 3 bis 4000 Gulden angespielt wird, die nur von wenigen Schuldigen in solcher Höhe geleistet werden musste.

7. Mit dem vorigen eng verbunden erscheint **Hunnigh Weidenheuft**, Vers 101.

8. **Paulus Bohn**, Vers 104 ff., wird als Trinker und Triefäugiger charakterisirt, sein Antheil an den zu erlegenden Geldern auf tausend Mark geschätzt.

9. Da nach Vers 111 eine Lücke anzunehmen ist, fehlt der Name dessen, der zur Zeit der Abfassung des Gedichtes auf dem Thurme des am Ende der Scherpstrasse befindlichen Thores gefangen gehalten war. Nach Reifferscheids ansprechender Vermuthung zu Vers 111 ist hier der **Bürgermeister Peter von Inden** gemeint, der bis zum 11. Juli 1513 im Gefängnisse bleiben musste.

10. **Herper**, Vers 118, ist wohl identisch mit dem, Vers 134 genannten **Claus Herper**, der als Verführer des Gerlach Zink bezeichnet wird; er scheint in der Nachbarschaft des in der eben besprochenen Lücke genannten gewohnt zu haben.

11. **Wilhelm Nütten**, Vers 147, wohnte wahrscheinlich bei der schon im 13. Jahrhundert genannten Pletschmühle in der Adalbertstrasse[1]); vgl. im übrigen die Anmerkungen Reifferscheids zu Vers 148 ff.

12. **Huprecht Freis**, Vers 154, scheint schon vor dem Beginne der Untersuchung verstorben zu sein, diese hat erst seine nicht unerhebliche Betheiligung an den Missbräuchen aufgedeckt.

13. **Adam Nütten**, Vers 158 ff., hat wie sein Verwandter Wilhelm die Flucht ergriffen, sein Haus ist leer.

14. **Johan Bertholf**, der sich nach Vers 164 ff. durch grosse Habgier ausgezeichnet hatte, gehört einer älteren Achener Patrizierfamilie an, wahrscheinlich ist er der in Urkunden der Jahre 1492 und 1500 auftretende Schöffe[2]).

---

[1]) Vgl. das Verzeichniss bei Laurent, a. a. O. S. 426 a. E.
[2]) Vgl. von Fürth, im deutschen Herold, Jahrgang 4, S. 32, Sp. 2, Note ***) und die Urkunden 23—25 bei Loersch, Achener R.-D. S. 229 ff.

15. Der Pasquillant begibt sich auf den Markt zu einem dem Hause zum Stern; dem alten Versammlungsorte der Patrizier¹), gegenüberliegenden Hause. Aus den Versen 176 bis 182 ist nur zu entnehmen, dass der Eigenthümer eine Spinnerei betrieb, dass man den Schaden, den er der Stadt zugefügt, auf tausend Gulden schätzte, und dass dieser durch Missbräuche bei der Weinversteuerung entstanden war. Wahrscheinlich war der ungenannte als Weinmeister mit der Aufsicht über letztere betraut gewesen. Siehe die Noten zum Texte des Gedichtes.

16. Auch die folgende Persönlichkeit ist nur durch ihre Wohnung bezeichnet. Das Haus zum Löwenstein, Vers 184 ff., war in der Mitte des 15. Jahrhunderts von einem Herrn von Berensberg bewohnt²). Es lag in der Nähe des oben genannten am Markte, bildete die Ecke der Pontstrasse und bezahlte denen vom Eichhorn einen Zins³). Spätere Bewohner sind nicht bekannt. Da in Vers 187 ausdrücklich gesagt ist, dass der Bewohner früher öfter Bürgermeister war, so konnte man zunächst an einen der bei Meyer, S. 425, § 64 genannten denken, etwa an Peter Stolz oder Adam Münthen, welche beide zweimal Bürgermeister waren und nach Meyer, S. 420, § 51, mit je 3000 Gulden zu den Entschädigungen herangezogen wurden.

17. Theis Broecher, Vers 201, wohnt an der Neupforte, scheint nur wenig betheiligt zu sein.

18. Wilhelm Gis, Vers 206, scheint sich durch unvorsichtiges Schwätzen selbst verrathen zu haben.

19. Johan Ponell, Vers 224, der Bruder des bereits

---

¹) Vgl. das Verzeichniss bei Laurent, S. 425, oben, und Haagen Geschichte II, 59.

²) So Quix, Schloss Rimburg, S. 69.

³) Vgl. die Urkunde von 1423, Annalen des histor. Vereins für den Niederrhein, Heft 21 und 22, S. 262, Nr. 60: „Item dat huis zu lewenstein up pontz oirt 3 s. 9 d. zu kirsmisse". Eine Katharina von Löwenstein wird in derselben Urkunde a. a. O. S. 265, Nr. 109, genannt. Von dem hier besprochenen Hause ist zu unterscheiden der in der Elfschornsteinstrasse und am Schweinemarkte gelegene Löwensteiner Hof, vgl. über denselben Quix, Karmeliterkloster S. 85 und Haagen Geschichte II, S. 66.

oben besprochenen (Gerard) Ponell scheint letzterm als Vorbild gedient zu haben.

20. Das dem Simon von Thenen, Vers 229 ff., gesagte schliesst zwar jede Anklage aus, ist aber boshaft genug gemeint, da angedeutet wird, es habe ihm nur an der Gelegenheit gefehlt, sich in der Verwaltung zu bereichern. Es stimmt übrigens Vers 231 durchaus nicht zu den angeblich seit 1477 eingeführten Rathswahlen auf Lebensdauer.

21. Peter Butterloich, Vers 237 ff., hat es im Gegensatze zu den meisten anderen vorgezogen, in der Stadt zu bleiben und die ihm auferlegte Entschädigungssumme zu zahlen.

22. Vers 250, dem eine Lücke folgt, betrifft einen Mann, der neben dem Hause zur Meerkatze wohnte. Das Haus ist nicht nachzuweisen, im 14. Jahrhundert wird ein Patrizier Hermann 'von der Merkatzen' erwähnt [1]).

23. In der Nähe des eben gedachten Hauses wohnt Junker Claus Sweinenpelz, Vers 253 ff. Vermuthlich braucht doch der Dichter einen Spottnamen, worauf auch das nicht übliche 'Junker' hindeutet. Der Träger des Namens, der 100 Gulden erstatten muss, war mit der Beaufsichtigung der Biersteuer betraut gewesen.

24. Es muss dahin gestellt bleiben, ob in Vers 268 das Haus zum Schaf oder zum Schrank genannt ist; keine der beiden möglichen Bezeichnungen ist nachweisbar, der sonst nicht näher gekennzeichnete Bewohner war mit dem oben besprochenen Georg im Hahn nach Cornelimünster geflohen, überhaupt persönlich eng verbunden und auch dessen Nachbar. Das Haus ist demnach vielleicht am jetzigen Münsterkirchhofe zu suchen.

25. Wilhelm Engelbrecht, Vers 279 ff., wohnt in nächster Nähe, man braucht nur um eine Strassenecke zu biegen.

26. Johan von Stommelen, Vers 284 ff., war ein Freund des Engelbrecht, scheint die Unterschleife mit jenem zusammen betrieben zu haben, wahrscheinlich gehörte er dem

---

[1]) Einnahme-Rechnung von 1391/92, Laurent, S. 386, Z. 22, und Verzeichniss der zur Stellung von Pferden verpflichteten (1395 bis 1399) bei Loersch, Achener R.-D. S. 189, § 3.

Patriziergeschlechte an, das im 16. Jahrhundert öfter genannt wird und im Schöffenstuhle sass.

So hat sich denn unser Spottgedicht mit achtunddreissig Personen beschäftigt, von denen allerdings eine bereits bei der Abfassung verstorben war. Am Schlusse (Vers 293 ff.) wird dann noch hervorgehoben, dass drei oder vier der Schuldigen tqdt seien, deren Namen wir nicht erfahren. Die genaue Kenntniss, die der Verfasser in diesem Punkte, wie in allen übrigen Dingen bekundet, weist darauf hin, dass ihm die Ergebnisse der Untersuchung bereits bekannt waren. Das Gedicht kann also erst einige Zeit nach dem Losbrechen des Aufstandes entstanden sei; dazu stimmt es, dass die bei Meyer S. 420, § 51, mitgetheilten Summen die nicht vor den Monaten Mai oder Juni festgestellt sein können, dem Pasquillanten anscheinend schon geläufig sind. Mit der oben besprochenen Annahme, dass in der Lücke nach Vers 111 Peter von Inden genannt war, würde zugleich ein Zeitpunkt gewonnen sein, bis zu welchem das Gedicht entstanden sein muss, da jener am 11. Juli 1513 der Haft entlassen wurde und an gedachter Stelle noch als Gefangener bezeichnet wird.

Eine bedeutende Zahl von Mitgliedern hat, wie wir jetzt wissen, die 'Kette' gehabt. Die auch von a Boeck, wie oben erwähnt, überlieferte Bezeichnung ist dem Verfasser, wie gewiss allen seinen Mitbürgern, ganz geläufig gewesen, er gebraucht sie an vielen Stellen des Gedichtes, ohne an eine Erklärung zu denken. Ihm aber ist die 'Kette' auch ein Ordenszeichen, die Vereinigung jener gewissenlosen Beamten und Bürger eine saubere Genossenschaft, welche von jenem den Namen trägt und sich auf die Stärke ihres Symbols verlassen hat, bis jenes gebrochen ist; vgl. die Verse 26, 123, 124, 198, 236, 248, 273.

Fragen wir, in welchem Verhältnisse denn an jener Vereinigung die beiden Stände betheiligt waren, die bis zum Jahre 1513 um die Oberhand im Regimente mit vielfach wechselndem Erfolge gestritten hatten, so sprechen Meyers Bericht und unser diesen doch in recht willkommener Weise ergänzendes Pasquill entschieden zu Gunsten des Patriziats. Unter den vielen schwer compromittirten finden wir nur drei, welche wir jenem mit Sicherheit zuweisen können: Aegidius zum

Bischofstab, Johann Bertolf und Johann von Stommeln. Mag auch der eine oder andere nur durch den Namen seines Hauses bezeichnet, und daher für uns unkenntlich geblieben sein, mag dieser oder jener aus den Geschlechtern zu den Todten gehören, die der Dichter mit seinem Spotte verschont, immer bleibt die Gesammtzahl verschwindend klein gegenüber der Menge obscurer Namen, die nun zum ersten Male in der Geschichte der Stadt, aber auch gleich mit Hohn und Schande genannt werden. Diejenigen, die erst seit 1450 Zutritt gehabt zum Rathe, die im Jahre 1477 für die lebenslängliche Sicherung ihrer Stellungen Sorge zu tragen sich beeilt hatten, erscheinen nun als die Schuldigsten. Die Untersuchung des Jahres 1513 hat die alte Rechnung ausgeglichen zwischen Patriziat und Gemeinde — kein Stand konnte nun dem andern noch einen die städtische Verwaltung betreffenden Vorwurf entgegenschleudern, ohne sich selbst auf gleiche Antwort gefasst machen zu müssen. Und so dachte die Bürgerschaft, die sich um die Zeit von 'Gross vastelabendstag' erhoben hatte, bereits im Sommer 1513; die auf Grund des lang vergessenen Gaffelbriefes von 1450 gewählte Rathsversammlung erkor am 5. August Werner von Merode und Wilhelm Colin zu regierenden Bürgermeistern [1]), vertraute somit zwei Männern aus alten Patrizischen Familien nicht blos die Leitung und Wiederherstellung der zerrütteten Verwaltung an, sondern auch die Vollendung der schwierigen Untersuchung, die Eintreibung der bereits erkannten Strafen, die Vertheidigung der bestehenden Verfassung gegen den abgesetzten alten Rath, der bereits das Reichsoberhaupt angerufen hatte.

---

[1]) Vgl. Meyer, S. 420, § 51. Auf die oben hervorgehobene Thatsache hat schon, allerdings in anderm Zusammenhange, hingewiesen von Fürth im deutschen Herold, Jahrg. 4, S. 92, Sp. 1, Note**).

Anhang.
Gedicht auf den Auflauf in Köln im Januar 1513.

Dieses Gedicht, welches hier zum ersten Male veröffentlicht wird, ist uns erhalten in einer Papierhandschrift in kl. 8º, die im ersten Viertel des 16. Jahrhunderts im Kloster zu Boppard von verschiedenen geschrieben worden ist; später kam sie in die Bibliothek des Mathiasklosters zu Trier, seit dem Jahre 1803 befindet sie sich auf der Trierschen Stadtbibliothek unter der Nr. $\frac{404}{591}$.

Die Handschrift enthält an erster Stelle einen 'Elucidarius religionis', an dessen Schlusse sich der Schreiber, ein Kölner, in folgender Subscription nennt: 'scriptus est praefatus elucidarius per me fratrem hupertum Colonie monachum professum monasterii scti Mathie apostoli extra Trev. Anno domini Millesimo quingentesimo XII. bopardie'. Den Hauptinhalt der Handschrift bilden Gedichte, lateinische und deutsche und deutsch-lateinische in bunter Mischung, historische, religiöse und scherzhafte. Eine eingehende Besprechung derselben behalte ich mir für eine andere Gelegenheit vor, ich bemerke nur noch, dass der Schreiber unseres Gedichtes das von ihm in die Handschrift eingetragene bezeichnet als: 'a quodam fratre ex diversis collecta huic libello addita'.

Unmittelbar vor dem Gedichte stehen folgende lateinische Zeilen:

Anno domini M.V$^{\circ}$XIII (Ecce, ecce judicium *von anderer Hand.*)

Ecce cadunt gladio supremi colonienses.

Per vim et (et *ausgelöscht*) leges sunt ac plebiscita cuncto (?).
CVM CeCIderIt non CoLLIdetVr. ps. xxxvi.

Cum, inquam, rei publice urbis Agrippinensis policia ceciderit in parte, non collidetur in toto.

In Dr. Chr. Sternbergs Nachlasse fand ich eine Abschrift des Gedichtes, sie stammt aus dem Jahre 1862. Auch das über die Handschrift gesagte konnte ich seinen Aufzeichnungen entnehmen.

Dem vois is dat fel. aibe gezoegen,
die papigei is of den rick geflogen,
Oldendorf und Johan van Reit,
die hatten seir clein geleit,
5 des quam auch Peter Roit
in umme kein groser noit,
Frank von der Linden,
der bleif auch neit dahinden,
mit den gink Bernhart Is
10 und hait des gheinen pris.
Deise die groismechtig zu Collen woren,
nu haben si ire haubter verloren.
. . . .
hundert dusend gulden hant sie gestolen,
15 und XV hundert, das is wair,
solgs erkanten si offenbair
us den rentkammeren der gemein aibgetraghen,
des is etlichen sin haubt aibgeschlagen.
Es waren zwene noch wal bekant,
20 der ein is schiffer Goibel genant,
mit sampt Gerharten van Seghen:

[1] *woiß Hs Gemeint ist Dederich Spitz; in der unten beschriebenen von Groote schen Hs. heisst es f. 4ᵇ: 'Dederich Spitz gnant voifs'* [2] *die papigei geht ohne Zweifel auf den Bürgermeister Johan von Berchem. Nach v. 12 ist ausdrücklich von denen die Rede, die früher grossmächtig zu Köln waren, jetzt aber enthauptet worden sind. Die Namen der Hingerichteten und das Datum der einzelnen Hinrichtungen kennen wir genau: Dederich Spitz wurde mit dem Schwerte gerichtet am 10. Jan., Joh. von Berchem am 12., Joh. Oldendorf und Joh. von Reit am 13., Peter Roit, Frank von der Linden und Bernhard Is am 15. 'Die Papagei' wird Johan von Berchem deshalb genannt, weil er im Hause zur Papagei auf dem Neumarkt wohnte* rick *eigentlich Stange, bezeichnet hier das 'gesteigers' (Schaffot), auf dem die Hinrichtungen vollzogen wurden* [8] *Allendorf Hs* [11] *waren Hs   Nach v. 12 ist eine Reimzeile ausgefallen*

        ire beider mishandellung is nit verswegen,
        sonder haben da mit sich ergetzet
        und sint erer eren worden entsetzet.
25   Haben in doch gefrist ire leben:
        Goebel moist dri dusent gulden geben,
        des hait sich mancher verwondert,
        schiffer Gerhart gibt xv hondert.
        Es geschach in des Jenners daghen,
30   das wart Bernhart kerzenmegher mit roden us ge-
                                        sclagen
        und dae mit verwist van dem rait,
        das er nummer koemen darf in die staid.
        Noch is einer genant Henrich swertfeger us dem rait
        der von alters wegen is bi gnaid,
35   want er is also alt gewesen:
        wan er mis wolt hoeren singhen ader lesen,
        so moisten in dragen uf ein stoel sin knecht,
        sust were im auch gescheen recht;
        sal sich aber der gemein miden,
40   zo staid nit gaen oder riden,
        sonder got driven sien leben,
        solg gnade is dem selbigen geben.

[29] *fg. Vgl. in der von Grooteschen Hs. f. 40ᵃ:* 'und ist also der selbige Hinrich Benrait uf donnerstagh den 27. Januar umb seiner uberfharenheit halben an den kax gesatzt und von dannen an den stockh geleit und also vort mit ruthen zur stat ausgetriben und dabei zu den heiligen geschworen uf 4 meil weghs nahe bei Collen nicht zu wohnen kommen'.

Dem Gedichte lasse ich einen kurzen Bericht über die Kölner Unruhen des Jahres 1513 folgen, nach einer Papierhandschrift [1]) des 16. Jahrh. in Quart, die jetzt im Besitze des Herrn Rittmeisters von Groote auf Hermülheim ist. Derselbe schickte mir auf meinen Wunsch die Hs. freundlichst zur Benutzung. Ich sage ihm für seine Liberalität hier nochmals ergebensten Dank. Eine kurze Angabe des Inhaltes der ganzen Hs. schicke ich voraus.

Auf dem Vorsetzblatte findet sich folgende Bleistiftbemerkung: 'Diese Sammlung kleiner Schriften ist mir von dem Herrn Senator Thomas aus Frankfurt a. M. zum Geschenk gegeben worden. Cöln den 17. August 1834. E. v. Groote'.

f. 1ª—67ª sind von einer Hand des 16. Jh. geschrieben.

f. 1ª—3ª enthalten den unten mitgetheilten Bericht; f. 3ª ist zur Hälfte und 3^b ganz leer.

f. 4ª—40ª enthalten nach einer kurzen Einleitung die Aussagen des Dederich Spitz (f. 4^b—11ª), des Johann von Berchem (f. 11^b—17ª), des Johan von Reyde (f. 17^b—20ª), des Johann Oldendorff (f. 20ª—22^b), des Peter Rode (f. 22^b—25^b), des Franck von der Lynden (f. 26ª—28ª), des Bernt Isz (f. 28^b—29^b), des Tilman Odenkirchen (f. 30ª—31^b), des Adam von Nürenbergh (f. 31^b—33^b), des Euert Hondt (f. 33^b—36ª), des Hinrich Benraitt (f. 36ª—40ª).

f. 40^b Gedicht [2]) van dem Vplauff der geschehen Ist In

---

[1]) Auch die Papierhs. Nr. 94 in Quart der Bibliothek der katholischen Gymnasien in Köln enthält: 'Berichte über die zu Cöln 1513 stattgehabten Unruhen'. Von den Hss. der Trierer Stadtbibliothek gehören hierher $\overline{\text{ccccli}}^{\text{2047}}$ b und $\overline{\text{cxxxiv}}^{\text{1397}}$, beide sind Papierhs., die erstere in Kleinfolio aus dem 16. Jh. ist betitelt: 'Van einem erschrecklichen.. uplouff im jahr thausend vünffhondert draizehen im Januario', die andere ist eine Quarths. neuerer Zeit, sie führt den Titel 'Specification des H. Römischen Reichs Freyer Stadt Kölln gewesener Bürgermeistern und zware von dem Auflauf in Köllen 1385'. Sie enthält ausserdem 'ein Aufstand von 1513'.

[2]) Nach einer freundlichen Mittheilung des Herrn Dr. H. Cardauns ist das Gedicht auch erhalten in der Hs. A. II. 66 des Stadtarchivs in Köln, diese Hs. ist aus dem Ende des 18. oder aus dem Anfange des 19. Jh.

disser Statt Colln | Anno 1481 | Gott der alle Weltt hatt geschaffen | Geistlichkeit Leyen vnd Pfaffen —

f. 58ᵇ Do man schreibt 1483 Jair | In der Ratts Capellen offenbar | Vff den letzten Vastabendt das geschach das es manch man hörtt vnd sach | Hier ist nicht mher Gott behute vns vor boeßem schweir. Im ganzen 874 Verse.

f. 59ᵃ—63ᵇ Bericht über den Aufruhr in Köln im J. 1482.

f. 64ᵃ Supplication vnd Klaghschriften gegen Franckh von der Lynden, Bernt Iß, Dederich | Spitz vnnd Heinrich Benratt, samptlich | vbergeben worden seindt | —

f. 67ᵃ Supplication vnnd Clagschrifften so | gegen Peter Rode vbergen worden seindt | Statt derselben folgt von einer Hand des 17. Jh.: Columna Nicolai Gulich rebellis et eius | Epigraphe sive genuina inscriptio | Hic stetit illa domus, cuius fuit incola Gulich | ille rebellantum ductor, origo, caput | — Justitiae oppressor, belli tuba, Caesaris hostis | sacrilegus praedo, raptor iniquus opum | Im ganzen vier Distichen.

f. 67ᵇ Coloniae Tumultuantis | et | in sua ipsius Viscera sae|uientis Poetica et Elegiaca | Descriptio | Authore Eulalio Freymund | Veronensi | Anno 1683 ¹) | Contemptor banni, tribuum seductor in omni | qui causa judex, testis et actor erat —

f. 91ᵇ Finis sed quando sit foeda rebellio finem | sortitura Deus tempus et acta dabunt. | Cecini | Im ganzen 668 Distichen.

f. 92ᵃ Deductio juris in Zeit daß | vorig beruhmter Gulich sich empört | burger recht und schlecht | —

f. 96ᵃ Urtheill deß Nicolai Gulichß 1686.

f. 98ᵃ Urtheil des Abraham Saxen.

f. 99ᵇ Urtheil des Anthonius Mesthovius.

f. 101ᵃ—108ᵇ Summarissimum extensum quo ad materiam successionis — unvollständig.

---

¹) 'Coloniae — 1683' von späterer Hand hinzugefügt. Ueber den Dichter, der offenbar aus Bonn (Bonna Verona) stammt, kann ich leider keine Auskunft geben.

f. 1ᵃ　　　Anno 1512 im letzten des selbigen jhairs und folgents im anfangh des 1513. jhairs hat sich ein grosse uneinigkeit, aufroer und zwidracht erhaben zwischen dem rat und der gemeinde der stat Colln, also das die gemeinde sich wapende uf die gaffelen gelagt mit ihrem harnisch und gewehr, nnd hat folgents etliche herrn des rats gefenklich eingezogen, wilche hernach mit nhamen und zunhamen folgen, deren etliche mit dem schwert gericht und etliche der stat verweist und mit ruthen ausgestrichen. Umb was ursachen willen solche rumoir entstanden und wer den uplouf verursacht oder recht oder unrecht gehat, der rat oder etliche des rats, oder aber die gemeinde, ist nicht wol zuerfharen, auch niemant wissende, derhalben auch nicht wol davon zu schreiben. Etliche alten verzellens wol der maissen und die gemeine sach gehet wol davon, als solten etliche von den herrn nicht recht mit der gemeine gut umgangen sein, und dazu die gemeinde mit newen und ungewönliche accinsen beschwärt haben. Darvon dan

f. 1ᵇ der | pastor zu klein St. Merten in Colln uf dem predighstuel sol etwas geret haben; derhalben dan etliche von den herrn des rats gemeltem pastor sehr aufsetzigh und feiant worden. Solten derhalben uf einen mittagh etlich buben und böswichter zugemacht haben, wilche gemeltem pastor vermommet in sein haus gefallen umb inen daselbst umbzubringen und zu ermörten. Wie sie aber den pastor, welcher sich in ein höener haus verborgen, nicht funden, haben sie ime das haus geplundert. Darumb dan folgender zeit die kirch zu klein St. Merten in den bann getban und etliche jhar auch verpleiben. Folgents nicht langh darnach ist der uplauf under der gemeinden entstanden, wilche sich uf die gaffelen versamlet und die herrn, so mit namen und zunhamen hernach geschreiben, gefangen genhommen, deren etliche uf dem heumart enthaupt und etliche der stat verweist; und seint irer auch viel gleich vor dem uplauf, wie sie den trubbel in der stat vernhommen haben uber die

maur hinaus gefallen und also entkommen, wilche [aber
f. 2ᵃ folgender zeit] den mehrer theil aber folgender zeit in die
stat kommen, demnach der trubbel voruber gewesen. Ob
hie den vorgemelten herrn recht oder unrecht geschehen,
ist zweifelhaftigh und nicht jederman wissende. Solches wird
auch wol kundigh sein aus irem bekantnus, die sie gethan,
wie sie auf St. Cunibertz thurn peinlich versucht und exa-
miniret. Das ist nicht ohne und kundigh, das etliche fromme
herrn auch der vornembsten in dissem uplauf verschoenet,
innen auch kein leit widerfharen, als die im geringsten
nicht mit einiger that beschuldigt, und seint auch folgents
im regiment bleiben, als die Wasserfas, Rinckhen, Schuren-
felz und ander mher. Dern herrn nhamen aber, so uf dem
heumart mit dem schwert gericht sint worden, folgt hernach:
herr Johann von Reide, herr Johann Oldendorf, beide burgermeister zur zeit, den 10.[1]) Januar Anno 1513, herr
Johan Berchem ....[2]) zur zeit den 12. Januar, Bernart
Is ratzrichter den 15. Januar, Frankh von der Linden ren-
meister, 15. Januar. Dederich Spitz weinmeister den 10.
f. 2ᵇ Januar, Peter Rode thurnmeister den | 15. Januar, Hin-
rich Benrat den 27. Januar an den kax gesatzt, folgents
mit ruthen ausgegeisselt und der stat verweist, war sti-
meister. Evert Hont, Adam von Nurnbergh, Tilman Odenkirchen, welche drei die that in des pastoirs haus zu klein
St. Merten in seinen haus begangen, aber nicht des rhats,
sonder des raths diener geheischen, diese obg. drei sint den
letzten Januar uf dem junkerkirchof enthaupt. Vor dem
gemelten uplouf ist auch uf ein zeit die kirch St. Mergen
mit gewalt upgelaufen, was ursach halben ist unwissent.
Demnach Dederich Spitz, welcher der ersten uf heumart
enthaupt, auf dem thurn St. Cunibertz examiniert worden,
hat er bekant, das disse nachfolgende herrn dabei gewesen, als im capitolio die thuir geweltlich ufgeschlagen:
nemlich schiffer Gobbel, Schmitgen und Johan sein sohn,
Frankh von der Linden, Clas van Ens, Peter Rode, Evert
f. 3ᵃ Kort kuchenbechker, Tilman van Binge, meister Johan

---

¹) Diese Angabe ist unrichtig, sie wurden am 13. hingerichtet.
²) rentmeister?

Freunt, schiffer Gerbart von Segen und Arnt sein sohn. Gemelte herrn haben sich eine zeit langh verlohren und nicht durfen sehen lassen, seint aber balt darnach in die stat wider kommen. Es seint etliche ander herrn uber die maur gefallen in dem vorgemelten uplauf, wilche auch balt wider in die stat kommen und gleichwol zu voriger ehren, digniteten und ampter kommen sind, ja auch höher, als zu burgermeister ampt und andern wie solches ersehen [1]).

[1]) Ueber die Kölner Unruhen des Jahres 1513 vgl. noch L. Ennen, Geschichte der Stadt Köln III. 659 fgg.